فصل اول

جای خالی

روش ما – که نام مرا نیز با خود همراه دارد و این روش را متمایز از دیگر کوشش‌های اخیر جهت ایجاد شکل های جدید آموزشی می‌گرداند – به کشف خصوصیات اخلاقی خاصی در کودکان منجر شد که تا پیش از این مخفی مانده بود. در حقیقت، آن چه بر ما آشکار شد، تصویری از کودک بود که هنوز باید آن را مورد تحقیق و بررسی بیشتر قرار داد.

و به خاطر همین کشفیات و جهت درک بیشتر کودکان و به رسمیت شناختن و دفاع از آن ها بود که بر آن شدیم دست به اقدام مستقیم اجتماعی بزنیم. دلیل دیگر تصمیم ما در اقدام اجتماعی این بود که کودکان موجودات ضعیفی هستند که در میان افراد قدرتمندتر از خودشان زندگی می‌کنند. کسی آن ها را درک نمی کند و جامعه ی بزرگسالان نیازهای اساسی آن ها را به رسمیت نمی شناسد. چنین واقعیتی می تواند همچون پرتگاهی باشد که مشکلات بعدی را در پی داشته باشد.

مدرسه مکانی است که در آن کودکان می توانند کارهای خود را با آرامش انجام دهند و روح سرکوب شده ی آن ها امکان رشد و خودنمایی یابد. فرزندان ما در چنین مکانی گرایش‌ها و حالت‌های رفتاری خاصی بسیار فراتر از آن چه باور عموم در مورد کودکان است را نشان دادند. لذا ناچار شدیم عمق خطاهای آموزشی مهمی را که در گذشته در مورد لطیف ترین اعضای نژاد بشری مرتکب شده ایم، مورد بازنگری قرار دهیم.

کودکان سطحی از توان ذهنی خود را بر ما آشکار کردند که همچنان نیازمند تحقیق و بررسی بیشتر است و فعالیت های آن ها گرایش هایی را در آن ها برملا کرد که مربیان و روان شناسان هرگز به آن‌ها نپرداخته بودند. برای مثال کودکان هیچ گاه جذب اشیائی مثل اسباب بازی که گمان می رفت موجب شادی شان گردد، نشدند و علاقه ای به داستان های شاه و پریان نیز نشان ندادند. در عوض، همه ی آن ها به دنبال این بودند که خود را از دست بزرگسالان رها کرده و همه‌ی کارها را خودشان انجام دهند و بدین شکل صراحتا نشان دادند دوست ندارند کسی به آن ها کمک کند مگر آن که چنین کمکی بسیار ضروری باشد. آن ها نسبت به کارهای خود بسیار علاقه‌مند بودند و غرق در انجام چنین کارهایی، به سطحی باورنکردنی از آرامش و لذت دست می‌یافتند.

واضح است که خودجوشی طبیعی دانش آموزان، که به طرز اسرار آمیزی از زندگی درونی آن ها نشات می گیرد، از گذشته های دور با مداخله‌ی پرهیجان و ناخوشایند بزرگسالان مورد سرکوب قرار گرفته است چرا که بزرگسالان گمان می کنند هرکاری را بهتر از کودکان می توانند انجام دهند و به همین دلیل فعالیت خود را جایگزین کارهای کودکان کرده و آن ها را مجبور به تسلیم اراده و قدرت ابتکارشان در برابر خواست خود می کنند.

ما بزرگسالان، در برداشت های خود از کودکان و در رفتار با آن ها نه تنها در مورد برخی جزئیات آموزشی یا برخی موارد ناقص آموزشی در مدرسه ها دچار خطا شده ایم بلکه روشی را در پی گرفته ایم که کاملا غلط و اشتباه است و اشتباهات ما هم اکنون به ایجاد یک مسئله ی اجتماعی و اخلاقی جدید منجر گردیده است. نزاع بین کودکان و بزرگسالان قرن ها به صورتی یکسان وجود داشته است اما هم اکنون کودکان وزنه ی تعادل را به سمت خود متمایل کرده اند و همین تغییر به وجود آمده ما را بر آن داشت که دست به اقدامی بزنیم، اقدامی نه تنها در ارتباط با مربیان، بلکه همه ی بزرگسالان، به ویژه پدر و مادرها.

گسترش فراوان روش ما در همه ی کشورها و در میان مردمانی که دارای تفاوت فرهنگی بسیار هستند، مکاتبی را به وجود آورده است. این امر گواه بر جهانی بودن نزاع بین کودک و بزرگسال بوده که از همان آغازین لحظه ی تولد بر انسان تحمیل می شود و ناخودآگاه بودن آن باعث خطرناک تر شدن آن می گردد. در جوامع به اصطلاح عالی مانند جامعه ی خود ما، این نزاع به خاطر پیچیدگی رسوم اجتماعی و همچنین به خاطر جدایی پیوسته ی کودک از ماهیت طبیعی و آزادی عمل خود، شکل بدتری به خود می گیرد.

کودکی که در محیط ساخته شده به دست بزرگسالان زندگی می کند، در حال زندگی در جهانی است که به لحاظ فیزیکی و از آن مهم تر به لحاظ روحی با نیازهای او هماهنگی ندارد (برآورده شدن نیازهای روحی کودک به او این امکان را می دهد که به رشد فکری و روانی برسد). کودک توسط بزرگسال قدرتمندتری که به اراده او بی اعتنایی می کند سرکوب شده و محدود می گردد تا بدین شکل با محیطی خصمانه سازگاری یابد و این کار با چنین فرض ساده انگارانه ای انجام می شود که با چنین کاری کودک به رشد اجتماعی خواهد رسید. تقریبا همه ی فعالیت های به اصطلاح آموزشی با مفهوم سازگاری مستقیم – و در نتیجه خشن – کودک با جهان بزرگسالان عمل می کنند. این سازگاری بر پایه ی فرمانبرداری بی چون و چرا قرار دارد که به خنثی شدن شخصیت کودک منجر می گردد. با این خنثی شدگی، کودک در معرض عدالتی قرار می گیرد که در حقیقت بی عدالتی است و زخم های روحی و مجازات هایی را می بیند که هیچ بزرگسالی تحمل آن را ندارد.

این طرز تفکر و نگرش چنان در عمق خانواده ریشه دوانده که حتی در مورد کودکی که بسیار مورد علاقه است نیز اجرا می گردد و علاوه بر آن در مدرسه نیز تشدید می گردد که تقریبا به طور منظم و پیوسته هماهنگ سازی با ضرورت های محیط بزرگسالان را به صورت مستقیم و ناپخته به اجرا در می آورد. در حقیقت در مدرسه، نظم اعمال شده و کار سفت و سخت کلاسی دنیای لطیف کودکی را به فضایی بیگانه و مهلک مبدل می کند. ارتباط بین مدرسه و خانه اغلب به اتحاد قوی علیه ضعیف تبدیل می شود، ضعیفانی که در بیان حرف خود کمرو و مردد بوده و نمی توانند گوشی برای شنیدن صدای خود پیدا کنند. کودکی که به دنبال شنیده شدن است و به خاطر طرد شدن دچار آسیب روحی گشته اغلب به شکلی بسیار خطرناک تر از فرمانبرداری تنها خود را عقب می کشد.

روشی منصفانه و مهربانانه تر نسبت به کودک این است که برای او یک محیط «سازگاری» متفاوت از محیط سرکوبگری که در آن زندگی کرده و شخصیت او را شکل یافته، ایجاد شود. بهره‌گیری از هرگونه سیستم آموزشی باید با ایجاد محیطی همراه باشد که از کودک در برابر موانع سخت و خطرناک محافظت کند، موانعی که او را در جهان بزرگسالان تهدید می کند. چنین پناهگاهی در هوای توفانی، و چنین قریه ای در میان کویر و چنین مکان آرامش روحی باید در جهان به گونه ای دقیق ایجاد شود تا رشد سالم کودک را تضمین کند.

هیچ معضل اجتماعی به اندازه ی ظلم و سرکوبگری کودکان عمومیت ندارد. به لحاظ تاریخی مظلومان – بردگان، طبقه خدمتکاران و کارگران – گروه های اقلیتی بودند که از طریق تغییرات اجتماعی و اغلب در مبارزه آشکار بین ستمدیدگان و ستمکاران به دنبال رهایی خود بودند. جنگ داخلی آمریکا علیه برده داری بود، انقلاب فرانسه علیه طبقات حاکم و انقلاب های جدید برای تحقق شکل های جدیدی از اقتصاد بود. این ها همگی نمونه هایی از نزاع های شدید بین گروه‌های بزرگسالان است که مجبور شده اند برای تصحیح اشتباهات خود به خشونت روی آورند.

اما معضل اجتماعی کودکان در مورد هیچ طبقه، نژاد یا ملتی نیست. کودکی که عملکرد اجتماعی ندارد، کودکی است که تنها به عنوان ضمیمه ای از بزرگسالان عمل می کند. کسانی که به بخشی از انسان ها به نفع بخشی دیگر ظلم می کنند، تنها وحدت اجتماعی را از بین می برند. برای این که به این موضوع از نگاه جمعی بپردازیم، تنها باید توجه کنیم و ببینیم که در میان رنج کشیدگان و ستمدیدگان کودکان نیز حضور دارند. تقریبا همه ی کسانی که به کودکان اهمیت می دهند به این موضوع نیز اشاره می کنندکه در حقیقت این کودکانند که معصومانه قربانی ظلم روا داشته شده در حق بزرگسالان می شوند. ضمیمه بودن آن ها

بر بزرگسالان، ضعیف بودن و ناتوانی آن ها در صحبت و دفاع از خود باعث ایجاد حس دلسوزی شده و موجب ترحم و نیاز ویژه به کمک به آن ها می گردد. صحبت های بسیاری در مورد کودکان بی نوا و کودکان خوشبخت؛ کودکان ثروتمند و فقیر؛ و همین طور کودکانی که رها شده و آن هایی که مورد محبت قرار می گیرند، وجود داشته است. اما این صحبت ها تنها این موضوع را می رساند که تضادهای مشهود بین بزرگسالان در حقیقت بازتاب دوران کودکی بوده و در آن دوران شکل می گیرد.

کودک چگونه موجودی است؟ کودک نتیجه تولید مثل بزرگسالانی است که مالک او هستند چنان که گویی بخشی از املاکشان باشد. هیچ برده ای هیچگاه این چنین در تملک ارباب خود قرار نداشته که کودکان در تملک والدین خود هستند. در مورد هیچ خدمتکاری چنین حدی از فرمانبرداری که از یک کودک انتظار می رود، وجود نداشته است. هیچگاه حقوق انسان تا این حد که در مورد کودکان وجود دارد، مورد بی توجهی قرار نگرفته است. هیچ کارگری هرگز مجبور نبوده تا این اندازه کورکورانه از فرمان ها پیروی کند. دست کم کارگران ساعات آزاد و مکانی برای رفتن به خانه دارند تا در آن جا مورد محبت قرار گیرند. هیچگاه کسی مانند یک کودک مجبور به کار نبوده است. کودکی که باید تسلیم یک بزرگسال باشد تا ساعت ها کار یا بازی را بر اساس قوانین سخت و دلخواهانه خود بر او تحمیل کند.

کودک به عنوان یک موجود مستقل اجتماعی هرگز وجود نداشته است. بنابراین همیشه این گونه بوده است که کودکان در خانه ای مناسب بزرگسالان زندگی کرده اند. خانه ای که در آن مادر آشپزی می کند، پدر کار می کند و پدر و مادر در حد توان خود از کودکان مراقبت می کنند. مدارس نیز به طور مرسوم تا جای ممکن به ساختار خانواده احترام می گذارند. چنین وضعی همیشه بهترین حالت ممکن برای کودکان در نظر گرفته می شده است.

این ایده که کودک شخصیتی جدای از بزرگسالان است ظاهرا هیچ گاه به نظر کسی نرسیده است. تقریبا همه ی تفکرات اخلاقی و فلسفی در ارتباط با بزرگسالان بوده است و هرگز به مسائل اجتماعی مرتبط با خود کودکان پرداخته نشده است. کودک به عنوان موجودی با هویت مستقل و نیازهای متفاوتی که برای رسیدن به اهداف عالی زندگی باید برآورده شوند، هرگز مورد توجه قرار گرفته نشده است. به او همیشه به عنوان موجودی ضعیف تحت حمایت پدر و مادر خود نگریسته شده است و نه به عنوان یک موجود انسانی که بدون هیچ حق و حقوقی مورد ستم بزرگسالان واقع شده است. کودک به عنوان یک موجود انسانی که کار می کند و به عنوان یک قربانی که رنج بسیار می کشد و به عنوان بهترین همدم آدمیان،

هنوز موجودی ناشناخته باقی مانده است. این موجود، موجودی است که جایگاه او در تاریخ بشری خالی مانده است.

و همین جایگاه خالی است که ما قصد پر کردن آن را داریم.

فصل دوم

کودک نوزاد

ما تمدن را به عنوان ابزاری می شناسیم که به وسیله آن انسان آهسته با محیط خود سازگاری می‌یابد. اگر چنین باشد، چه کسی بیشتر از یک کودک تازه به دنیا آمده با تغییری ناگهانی و شدید در محیط خود روبرو می شود؟ علاوه براین، تمدن ما چگونه تدارکاتی برای یک کودک تازه به دنیا آمده فراهم کرده است، چرا که او در فرایند تولد باید متحمل نوعی سازگاری شود که دشواری آن بسیار بیشتر از یک تغییر ناگهانی است و در حقیقت باید از وجود کس دیگری به وجود آید.

باید صفحه ای از تاریخ پیش از همه ی صفحات تاریخ انسان متمدن وجود داشته باشد. در این صفحه باید کارهایی را که انسان برای کمک به هماهنگی کودک تازه به دنیا آمده با محیط

بیگانه انجام داده است، ثبت شده باشد. اما چنین صفحه ای هرگز وجود ندارد. نخستین صفحه ی زندگی نیاز به نگاشته شدن دارد چرا که در این صفحه انسانی در تلاش برای کشف ضرورت های یک زندگی جدید برآمده است.

با این حال تجربه حقیقت تلخی را بر ما آشکار کرده است. ما اشتباهات دوران ابتدایی کودکی را تا پایان عمر با خود همراه داریم. زندگی جنین و مرارت های دوران کودکی سرنوشت ساز هستند – برای سلامتی بزرگسال و آینده ی نژاد بشری. چگونه ممکن است که تولد، این دشوارترین هنگامه ی کل حیات انسان، به عنوان بحرانی نه تنها برای مادر بلکه برای کودک شناخته نشده باشد؟

بحران نوزاد در جدا شدن کامل او از مادری قرار دارد که تا آن زمان همه کار برای او کرده است. با جدا شدن او از مادر و متکی شدن به قدرت محدود خود، او باید بی درنگ به عملکردهای حیاتی خود تکیه کند. تا آن لحظه، او با ملایمت در مایع گرم مخصوص خود رشد کرده که برای او در برابر هرگونه بی تعادلی یا افت دما و کمترین نور و صدایی همچون یک محافظ بوده است.

با این حال در زمان تولد او از چنین خانه ای بیرون کشیده می شود تا در هوای آزاد زندگی کند. او بدون داشتن مرحله ی انتقالی، از حالت استراحت کامل به مرحله تلاش بسیار برای زاییده شدن منتقل می گردد. به بدن او چنان فشاری وارد می آیدکه گویی از میان دو سنگ آسیاب گذشته باشد و او خسته و رنجور به دست ما می رسد، همچون مسافری که از راهی دور آمده باشد. اما ما برای پذیرا بودن و کمک به او چه می کنیم؟ همه ی توجه ها جلب مادر می شود و دکتر کودک را سرسری نگاهی می اندازد تنها برای این که مطمئن شود زنده و سالم است. پدر و مادر در مورد او با شادی و لذت بسیار می اندیشند. ضمیر آن ها به خاطر این کودک زیبا راضی و خشنود است؛ کودکی که دوردست ترین آرزوهای آن ها را محقق می کند. پدر و مادر، بچه دار شده اند و وجود او پیوند خانواده را با حس محبت محکم می کند.

اما زمانی که مادر در اتاقی تاریک با آرامش استراحت می کند، چه کسی به این فکر می کند که برای کودک که او نیز به همان اندازه خسته است، در اتاقی تاریک امکان استراحت کامل را فراهم کند تا کودک خود را آرام آرام با محیط تازه سازگاری دهد؟ هیچ کس به نوزاد به عنوان انسانی که در حال رنج کشیدن است، نمی نگرد. هیچ کس نه متوجه حساسیت بدنی

کوچک است که تا به حال در دست کسی قرار نگرفته و نه متوجه حساسیت او به تماس های فیزیکی و هرگونه تماس ناآشنایی است.

آن ها این گونه می گویند که طبیعت خود همه چیز را تامین کرده و در صورت نیاز از او حمایت می کند و در سختی ها او نیز باید مانند هر موجود زنده ی دیگری آزمون های دشوار یکسانی را پشت سر گذارد. اما اکنون که تمدن باعث به وجود آمدن «ماهیت دومی» در انسان شده که او را تحت تاثیر قرار داده و مانع از ابراز نظر آزاد او می گردد، پس جالب است ببینم حیوانات چگونه عمل می کنند. اگر حیوانات را مشاهده کنیم، می بینیم که حیوان ماده توله ی جوان خود را پنهان می کند، برای مدت زمانی خاص از نور دور نگه می دارد و با گرمای بدن خود از او محافظت می کند. حیوان به شدت از توله ی خود محافظت می کند و هرگز اجازه نمی دهد دیگر حیوانات به آن نزدیک شوند و نمی گذارد حیوانی دیگر آن ها را جابجا کرده یا حتی به آن ها نگاه کند.

اما در مورد انسان تازه به دنیا آمده نه طبیعت و نه تمدن برای تسکین دشواری سازگاری با محیط به او کمکی نمی کنند. برخی می گویند همین که کودک زنده بماند کافی است. تنها معیار آن ها برای قضاوت در مورد موفق بودن سازگاری، از دست ندادن قدرت زنده ماندن است. با این که باید به نوزاد اجازه داده شود پس از تولد در وضعیت جنینی باقی بماند، بی درنگ لباس بر تن او می‌کنند و پس از مدت اندکی او را قنداق پیچ کرده و اندام ها نحیف او را تحت فشار می گذارند.

در گذشته این چنین می گفتند که کودک سالم مقاومت کرده و سازگاری می یابد، مگر نه این که همه ی طبیعت این گونه است؟ در این صورت پس چرا ما در زمستان ها خود را گرم نگه می داریم و برای زندگی آسان و با آسایش از پتوی نرم و صندلی راحت استفاده می کنیم؟ آیا ما از نوزاد قوی تر نیستیم؟ اگر این چنین قوی هستیم چرا آزادانه در جنگل ها زندگی نمی کنیم؟

مرگ همانند تولد از قوانین طبیعت است که همه ما ناچاریم تسلیم آن باشیم. چرا ما به دنبال آن هستیم که لحظه ی هراسناک مرگ را از هر راه ممکن برای خود آسان کنیم؟ چرا با این که می‌دانیم توان چیرگی بر مرگ را نداریم، می خواهیم دست کم از دردناکی آن بکاهیم؟ ولی هرگز به این نمی اندیشیم که رنج زایش را کمتر کنیم.

نهایتا، درون ما خلا و نقطه کور عجیبی است که خودمان در روح و تمدن خود به وجود آورده ایم. چیزی همانند نقطه ی کور عمق چشمانمان. این نقطه ی کور در عمق زندگی ما قرار دارد.

ما باید به درک کاملی از وضعیت نوزاد برسیم. تنها در این صورت است که نیاز مبرم کودک به آسان شدن آغاز زندگی او امکان پذیر می شود. نوزاد باید مورد مراقبت آگاهانه قرار گیرد. حتی در دست گرفتن او باید با حداکثر ملایمت باشد و باید تنها با ملایمت و ملاطفت بسیار او را جابجا کرد. باید بدانیم که در لحظات اول و حتی ماه اول، باید کودک را بسیار آرام نگه داریم. نوزاد را باید لخت نگه داشت و تنها با گرمای هوای اتاق باید او را گرم کنیم و نه با پوشاندن رخت و لباس بر تن او زیرا بدن کوچک او گرمای اندکی دارد و استفاده از این گرما برای مقاومت در برابر تغییرات دمایی کمکی به او نخواهد کرد.

در اینجا قصد ندارم بر استدلال خودم بیش از این پافشاری کنم زیرا می دانم همه زن ها به من خواهند گفت که در حال چشم پوشی از روش های مختلف نگه داری بچه در سرزمین های گوناگون هستم. در مقابل این اتهام، به آن ها چنین می گویم که خود من از همه این روش های گوناگون مطلع هستم چرا که آن ها را درکشورهای مختلف بسیاری مطالعه کرده و آن ها را با علاقه ی بسیار مشاهده نموده ام و همین طور دیده ام که این روش ها از برخی جهات دارای کمبودهایی هستند و باید تکرار کنم که آن چه کمبود آن واقعا احساس می شود، آگاهی و توجه لازم نسبت به پذیرا بودن کودک به بهترین نحو ممکن است.

اما اگر این موضوع درست باشد که ما هر آن چه در توان داریم را انجام می دهیم، در این صورت اگر آن چه را ندیده ایم هرگز نبینیم و آن چه را انجام نداده ایم هرگز انجام ندهیم و به خاطر این که همه چیز را کمال و تمام می دانیم به چیزهای جدید بی توجه باشیم، آن گاه رشد و پیشرفت دیگر چه معنایی خواهد داشت؟

واقعیت این است کودک را هیچ جا به خوبی درک نمی کنند. این بی توجهی از نتایج بیم و آزاری است که از همان نخستین لحظات زندگی کودک ناخودآگاه نسبت به او نشان می دهیم، و نسبت به چیزهای مورد تملکمان حتی اگر آن چیزها بی ارزش باشند، حالت دفاعی به خود می گیریم. طرز برخورد و نگرش خاص ما از همین جا شروع می شود و سپس تمام ذهن ما از این ترس پر می شود که بچه ها ممکن است وضع عادی زندگی ما را به هم بریزند یا خانه را به هم ریخته و کثیف کنند. با این حال وقتی کودکی در خانه داریم، نه تنها در برخورد با او تمام تلاش خود را به کار می گیریم تا وسایل خود را از خرابی حفظ کنیم یا

حتی از خانه فرار می کنیم تا آرامش ذهنی داشته باشیم بلکه خواسته های او را سرکوب می کنیم تا گرفتار آن ها نباشد و به کودکی خوش‌رفتار تبدیل شود.

اما در تلاش برای رسیدن به این مقصود دچار خطای جدی می شویم که به سادگی به خاطر عدم درک ما و بی دلیل دانستن بیشتر رفتارهای کودک روی می دهند، در حالی که این رفتارها به هیچ وجه بی دلیل نیستند. مثلا طی سال اول و به ویژه سال دوم، کودک دارای این نیاز مثبت است که می خواهد همه ی چیزها همیشه در جای معمول خود باشند و به شکل معمول خود مورد استفاده قرار گیرند. اگر کسی این وضع آشنا را برای او به هم بزند، کودک به شدت ناراحت می شود؛ احساس کلافگی می کند و با قرار دادن وسایل در جای درست از خود دفاع می کند.

ما این موضوع را در مهدهای کودک دیده ایم که در آن ها حتی کوچک ترین بچه ها این نیاز به قرار دادن چیزها در جای خود را نشان می دهند. مثلا کودکی در حال نگاه کردن به شن روی زمین بود. مادرش شن را دید و آن را جارو کرد و در کمال تعجب او، کودک به گریه افتاد، شن را جمع کرد و به مکان قبلی آن بازگرداند. مادر او آنگاه دلیل گریه او را فهمید اما گمان می کرد که رفتار او از نوعی شیطنت سرچشمه می گیرد.

مادر کودکی دیگر روزی احساس گرما کرد و ژاکت خود را درآورد و آن را روی دستش انداخت. کودک شروع به گریه کرد و هیچ کس دلیل آرام نگرفتن او را متوجه نمی شد تا این که مادر دوباره ژاکت خود را پوشید. یک بار دیگر هم دیدن شیئی در مکانی ناآشنا باعث ناراحتی کودک شده بود.

بزرگسالان در چنین مواردی گمان می کنند با تنبیه کودک مشکلات و نواقص او را برطرف می‌کنند. اما واضح است که تلاش برای برطرف کردن نواقصی که با بزرگسال شدن کودک دیگر در او وجود نخواهند داشت، بیهوده است. بی شک بزرگسالان وقتی ژاکت درآوردن زنان را می بینند گریه نمی کنند! ما کارهای کودکان را آن گونه که باید نمی بینیم و در عوض آن ها را پیوسته به عنوان اشکالی از بدرفتاری در نظر می گیریم. دست کم باید متوجه باشیم که چنین «نواقصی» سرانجام از بین خواهند رفت و ارزش نگرانی ندارند. وقتی چنین رویکردی نسبت به کودک داشته باشیم، بسیاری از چیزها را درک خواهیم کرد و کودک را با اشتباهات کوچکش که روزی آن ها را فراموش کرده و به یک بزرگسال تبدیل می شود، دوست خواهیم داشت.

فقط یک مثال دیگر: کودک دوساله ای را می شناختم که پرستارش همیشه او را در وان حمام به شکل یکسانی حمام می داد. وقتی پرستار برای مدتی مجبور شد برای کاری به پرستاری کودک نیاید، پرستار دیگری جایگزین او شد. کودک هر بار که پرستار جدید سعی می کرد او را حمام دهد شروع به گریه می کرد و او اصلا نمی توانست علت گریه کودک را درک کند. وقتی پرستار قبلی برگشت از کودک پرسید چرا این قدر گریه می کردی؟ او پرستار خوبی نبود؟ کودک جواب داد «نه، چون او مرا برعکس حمام می داد.» درحالی که پرستار اول شستشو را از سر شروع می‌کرد، پرستار دوم از پاها شروع به شستشو می کرد. علاقه ی کودک به چنین ترتیبی بخشی از زندگی او بود و او به بهترین نحوی که می توانست از آن دفاع می کرد با این حال همین علاقه ی او است که ما اغلب آن را «بدرفتاری» در کودک می نامیم.

فصل سوم

جنین روح دار

نوزاد را باید یک جنین دارای روح دانست – یعنی روحی که برای ورود به این جهان در پوست و گوشت قرار گرفته است. از سوی دیگر علم چنین فرض می کند که موجود جدید بدون هیچ چیزی به این جهان می آید. او پوست و گوشت است اما بدون روح چرا که تنها چیزی که از او می‌توان مشاهده کرد رشد بافت ها و ارگان هایی است که در نهایت کل یک موجود زنده را به وجود می آورند. اما این موضوع نیز یک راز است. آیا ممکن است یک بدن زنده ی پیچیده از هیچ به وجود آید؟

نوزاد در لحظه حساس خروج از بدن مادر قرار می گیرد و خسته و بی رمق به دنیا می آید و برای مدت زمان زیادی بی رمق و ساکن می ماند. او قادر به انجام هیچ کاری نیست و همان مراقبت افراد معلول یا افلیج را نیاز دارد. او بدون سخن است و برای مدتی طولانی قادر نیست حرف خود را به دیگران بزند جز با گریه و جیغ های ناشی از درد و ناراحتی و آن گاه ما دوان به سوی او روانه می شویم مثل زمانی که فردی نیاز به کمک دارد. تنها پس از مدت زمانی طولانی، ماه ها و حتی یک سال یا بیشتر، از شکل موجودی ناتوان بیرون آمده و به عنوان یک موجود انسانی جوان شناخته می شود و باز هم پس از ماه ها و سال ها صدای او به عنوان یک انسان نونهال پدیدار می‌شود.

پدیده ی روحی و جسمی رشد را می توان همچون فرایند وارد شدن روح به بدن در نظر گرفت. بدین معنی که رشد اساسا فرایندی رازگونه است که در آن نوعی انرژی به بدن ساکن

و بی رمق نوزاد جان داده و امکان استفاده از اندام ها، قدرت تکلم، و توان حرکت و اظهار وجود را برای کودک فراهم می کند و به همین شکل انسان در بدن خود تجسم می یابد.

در حقیقت این نکته مهم است که کودک انسان ناتوان زاده شده و برای مدت زمان طولانی به همین شکل می ماند در حالی که نوزاد دیگر حیوانات تقریبا بلافاصله پس از تولد یا دست کم پس از مدتی بسیار کوتاه می تواند وضعیت خود را حفظ کند، راه برود و حتی به دنبال مادر خود بدود و صرف نظر از این که چه اندازه ضعیف و ناقص است، می تواند به شکل دیگر حیوانات هم گونه‌ی خود ارتباط برقرار کند. توله گربه ها می توانند میومیو کنند، گوسفندان کوچک بع بع می کنند و پرندگان کوچک نیز صداهای ضعیفی تولید می کنند اما جهان پیوسته در حال شنیدن صداهای موجودات تازه به دنیا آمده است. دوره ی آمادگی برای نوزادان حیوانات سریع و آسان است. این طور می توان گفت که این موجودات پس از تولد از قبل دارای غرایزی هستند که نوع رفتار آن ها را تعیین می کند. مثلا مدت بسیار کوتاهی پس از تولد توله ببر، چابکی یک گربه ی تند و فرز در او مشهود است. این توله ی شاد و پرانرژی از همان لحظه ی تولد روی پای خود می ایستد.

هر موجودی که به این جهان می آید تنها دارای یک وجود فیزیکی نیست. بلکه در وجود خود دارای توان و عملکردهای خاصی است که وابسته به غریزه هستند. کل غریزه در حرکات او مشهود بوده و بیانگر ویژگی های متمایز آن گونه است. این گونه گفته می شود که حیوانات بیشتر با صفات رفتاری شناخته می شوند تا ویژگی های فیزیکی. بنابراین این امکان وجود دارد که همه ی آن ویژگی هایی را که برای توصیف یک حیات گیاهی نمی توانیم به کار بریم را جمع کرده و آن‌ها را ویژگی های روحی بنامیم. خصلت های روحی از همان لحظه ی تولد در حیوانات مشهود هستند. در این صورت، چگونه می توانیم استدلال کنیم که نوزاد انسان نیز به همان صورت دارای چنین ویژگی هایی نیست؟ یک نظریه علمی حرکات حیوانات را به این شکل توضیح می دهد که حرکات حیوانات تجمیعی از تجربیات گذشته ی گونه ی جانوری خود است. پس چرا ویژگی های انسانی را بر اساس همین نظریه توجیه نکنیم؟ چرا که انسان ها نیز در طول زمان روی دو پا ایستاده اند، زبان به وجود آورده اند و تجربیاتشان را به نسل های بعدی خود انتقال داده اند.

در میان همه ی این تناقضات مشهود باید حقیقت پنهانی وجود داشته باشد. اجازه دهید مثالی بر اساس اجناس و تولیدات انسان ها برای شما مطرح کنم. برخی محصولات به سرعت از طریق دستگاه چاپ یا دستگاه های دیگر به تولید انبوه می رسند و همگی دقیقا یک شکل هستند. برخی دیگر به آهستگی با دست ساخته می شوند و هریک متفاوت از دیگری است.

ارزش محصولات دست ساز به این است که هریک از آن ها رد و اثری از هنرمند سازنده را در خود جای داده است. این مثال تا حدودی تفاوت روحی بین انسان و حیوان را توضیح می دهد. حیوان همانند محصول تولید شده به صورت انبوه است که هریک از آن ها در خود ویژگی های ثابت و یکسان گونه ی خود را تولید می کند. اما انسان یک «کار دست ساز» است و هر فردی متفاوت از فرد دیگر است و روح متمایز و خاص خود را دارا است چنان که گویی یک اثر هنری طبیعی است. علاوه بر آن، این اثر هنری به صورتی کُند و زمان بر ایجاد می شود. پیش از آن که هرگونه نشانه خارجی در انسان ظاهر شود، باید ابتدا از درون رشد کند که این رشد از نوع تولید ثابت و انبوه نیست. حیات درونی انسان همچون معمایی است که نتایجی غیرقابل پیش بینی در پی دارد. رشد انسان همیشه فرایندی زمان بر و درونی است، دقیقا همانند فرایند مورد نیاز برای خلق یک اثر هنری که هنرمند غرق در فضای کار خود پیش از معرفی اثر خود به عموم در آن تغییرات و اصلاحات بسیاری ایجاد می کند.

فرایندی که طی آن شخصیت انسان شکل می گیرد در حقیقت همان فرایند پنهان تجسد روح در بدن است. کودک ناتوان همچون یک راز می ماند. تنها چیزی که ما از او می دانیم این است که او هر چیزی می تواند باشد، اما هیچ کس نمی داند او در آینده چه کار خواهد کرد یا به چه شخصیتی تبدیل خواهد شد. بدن ناتوان او در بردارنده ی پیچیده ترین مکانیسم هر موجود زنده ای است اما این بدن تنها مختص خود او است و اراده ی ویژه ی او اثر فرایند تجسد روح در بدن را ارتقا می دهد. موسیقی دانان، خوانندگان، هنرمندان، ورزشکاران، ستمگران، قهرمانان، جنایتکاران و قدیسان همگی به یک شکل به دنیا می آیند اما هریک در وجود رازگونه خود به رشد خاصی می رسند که فعالیت های منحصر به فرد او در جهان را به وجود می آورد.

ناتوان بودن کودک در زمان تولد مورد توجه و تفکرات فلسفی قرار گرفته است اما هرگز توجه کاروزران پزشکی، روان شناسان و مربیان را به خود جلب نکرده است. این امر یکی از آن وقایع واضحی باقی مانده که همه آن را ساده و معمولی می پندارند. با این حال چیزهای زیادی از این دوره ناتوانی باقی می ماند که در ضمیر ناخودآگاه انسان محبوس و مدفون می شود اما اثرات طفولیت می تواند پیامدهای روان شناختی بزرگی در زندگی عادی کودک داشته باشد. کسانی که پنداشته اند نه تنها بدن کودک منفعل است بلکه ضمیر او نیز ساکن و خالی از زندگی است، دچار اندیشه ی خطا شده اند. در مورد رشد شکوهمند اما کند کودک، بزرگسالی که گمان می کند چنین رشدی تنها به خاطر مراقبت و پرورش او به وجود آمده کاملا در اشتباه است. چنین گمانی باعث ایجاد حس وظیفه و مسئولیت می شود. پدر یا مادر

خود را به صورت نیرویی می بیند که کودک را کنترل کرده و زندگی درونی کودک را به حرکت در می آورد. بنابراین، با کودک چنان رفتار می کند که گویی شخص در حال کار روی اثر هنری خود است و توصیه هایی کرده و دستوراتی می دهد تا هوش، احساس و اراده در کودک رشد کند. بزرگسال در نهایت قدرتی نزدیک به قدرت خداوندی را به خود منتسب می کند و به این باور می رسد که جایگاهی در زندگی کودک همچون جایگاه خداوند در زمان آفرینش را دارا است: «و آن گاه خداوند انسان را در شکل و هیبت خود آفرید.»

تکبر بزرگ ترین گناه آدمی است و قرار دادن خود در جایگاه خداوندی علت به وجود آمدن رنج بسیار برای اخلاف او بوده است. در واقع، اگر کودک واقعا در درون خود کلید ضمیر قفل شده ی خود را دارا است و دارای مسیر رشد خود و توانایی های روحی است پس تلاش های او برای ابراز آن ها باالقوه در وجود او قرار دارد. در این مرحله بزرگسال با مداخله اش که به خاطر تصور غیر واقعی اش از قدرت خود بسیار آن را ارج می نهد، باعث می شود تلاش کودک برای نشان دادن این توانایی ها از بین برود و موجب کلافگی و دلسردی او شود. در حقیقت این امکان وجود دارد که بزرگسال طرح و برنامه ی مقرر شده برای نوزاد را از بین ببرد. شاید اگر این روند نسل به نسل ادامه می یافت، روح تجسد یافته ی انسان شکل خود را از دست می داد. مشکل واقعی در این حقیقت نهفته است که کودک دارای یک زندگی روحی و روانی است، حتی زمانی که نمی تواند آن را نشان بدهد. او باید برای مدت طولانی با مشکل بزرگ چگونه محقق کردن و نشان دادن این زندگی روحی در درون خود تلاش و کوشش کند.

این موضوع یک حقیقت جالب را آشکار می کند – یک روح پنهان و محبوس شده همراه با کودک زاده شده و رشد می کند و اندک اندک به گوشت و پوست منفعل او جان می دهد و در پی آوای اراده می گردد و با نیروی موجود زنده ای که چشم در این جهان گشوده است به هوشیاری و آگاهی می رسد. اما در محیط جدید موجودی با نیرویی بسیار قدرتمندتر در انتظار او است که در نهایت بر او چیره می شود. در محیط جدید هیچ اطلاعی از ورود روح به بدن وجود ندارد و پذیرفته نیز نمی شود. هیچ گونه حفاظتی برای تازه رسیده ی لطیف ایجاد نمی شود و هیچ کمکی نیز در این وضع دشوار به او ارائه نمی گردد و همه چیز برای او به یک مانع تبدیل می شود.

بنابراین کودک همان جنین دارای روح است که باید در محیط جدید زندگی کند. اما همانند جسم جنین، روح او نیز باید توسط نیرویی از محیط خارج مورد حفاظت قرار گیرد، حفاظتی

که محرک آن گرمای عشق و ارزش قائل شدن برای دیگران باشد. این گونه حفاظت و کمک کاملا پذیرفته شده و هیچ گاه رد نمی گردد.

پس از این که این موضوع درک شد، بزرگسال باید نگرش خود نسبت به کودک را تغییر دهد. داشتن چنین تصویری از کودک به عنوان جنین دارای روح برای ما باعث ایجاد مسئولیت های جدید می شود. آن موجود لطیف و زیبا که به آن عشق می ورزیم؛ اشیاء مادی بسیاری را در اختیار او قرار می دهیم و برای ما مثل یک اسباب بازی می ماند باید باعث برانگیختن حس احترام در ما شود. Multa debetur puero reverential[1] (باید به کم سن و سال ها احترام بگذاریم)

ورود روح و انرژی به بدن به بهای دشواری و سخت بسیار در درون کودک به دست می آید و در ارتباط با این فرایند مطالب بسیاری وجود دارد که هنوز نگاشته نشده اند. به دست آوردن اراده ای که تاکنون وجود نداشته، بسیار دشوار است اما همین اراده باید در نهایت کنترل بدن ساکن و بی حرکت را به دست گرفته و به آن نظم دهد. در لحظه ای که در بدن لطیف و نحیف زندگی جاری می شود، ماهیچه ها در تلاش همیشگی برای رسیدن به خواسته ها فعال می گردند. این تلاش درونی کودک، تلاشی مقدس است. این تلاش دشوار و مجدانه باید با همدلی و هم حسی ما همراه باشد زیرا در این دوره شخصیت آتی یک انسان تعیین می شود. با داشتن چنین مسئولیتی، این وظیفه ی ما است که به هر شکلی و با ابزارهای علمی متوجه نیازهای روحی کودک شده و محیط مورد نیاز را برای او آماده کنیم. این اولین اصل در دانشی است که مدت زمان طولانی در حال پیشرفت بوده و دانشی است که بزرگسالان هوشمند باید با آن همکاری کنند چرا که هنوز کارهای بسیاری باید انجام شود تا بتوانیم بگوییم همه چیز را در مورد رشد انسان می دانیم.

فصل چهارم

معلمان عشق

---

[1] زبان لاتین

کودک به شدت نسبت به هر آن چه از بزرگسالان دریافت می کند حساس است و می خواهد در هر زمینه ای از آن ها پیروی کند. در واقع، ما نمی دانیم تا چه حدی و با چه میزان انگیزه او آماده تبعیت از ما است اما این خصلت از ویژگی های مشخص او است. مثلا، کودکی دمپایی خود را روی تخت گذاشت و مادر به او گفت «این کار را نکن، دمپایی کثیف است» و روی تخت را با دست تکاند. از آن پس هر وقت کودک دمپایی می دید می گفت «کثیف است» و می رفت تا روی تخت را پاک کند.

بیش از این چه چیزی می خواهیم؟ کودک به قدری حساس و تاثیرپذیر است که بزرگسال باید مواظب همه چیزهایی که می گوید یا انجام می دهد، باشد چرا که در واقع همه چیز در ذهن کودک ثبت می شود. او سراپا مطیع و مقلد است زیرا این کار زندگی او است و او عاشق بزرگسالی است که همه ی دانش مورد نیاز برای زندگی از دهانش بیرون می آید و به چنین شخصی احترام می گذارد. بنابراین ما باید فکر کنیم که یک بدرفتاری کوچک از کودک می تواند یک حرکت یا دفاع مهم باشد و به یاد داشته باشیم که کودک همیشه آماده ی دوست داشتن و پیروی از ماست.

بچه ها عاشق بزرگسالان هستند و ما نیز باید به همین شکل آن ها را بشناسیم. با این حال همیشه ما در مورد عشق پدرومادر و معلم نسبت به بچه ها صحبت می کنیم. حتی گاهی افراد در این مورد صحبت می کنند که چگونه باید به بچه ها آموزش دهیم که چگونه پدر، مادر، آموزگار و در حقیقت همه چیز و همه کس را دوست داشته باشند. اما این افراد خود چه جایگاهی دارند که می خواهند دوست داشتن را به کودک بیاموزند؟ آیا همان کسانی نیستند که همه ی کارهای کودک را به عنوان بدرفتاری برداشت کرده و آن ها را مجازات می کنند؟ هیچ بزرگسالی نمی تواند آموزنده ی عشق و محبت باشد مگر آن که تلاش بسیار کرده و چشم وجدان خود را باز کند تا جهان را گسترده تر ببیند.

آری، کودکان عمیقا بزرگسالان را دوست دارند. وقتی کودکی به تخت خواب می رود باید این کار را با همراهی کسی انجام دهد که او را دوست دارد. اما کسی که او را دوست دارد این گونه فکر می‌کند «این مسخره بازی باید تمام شود. اگر همیشه پیش از خواب نزدیک او باشیم، لوس می‌شود»

و یا «چون اگر بچه بخواهد سرمیز بیاید و ما این اجازه را به او ندهیم گریه می کند پس بهتر است چنین وانمود کنیم که قصد غذا خوردن نداریم!» اما تنها چیزی که بچه می خواهد این است که وقتی افراد مورد علاقه اش در حال غذا خوردن هستند، در کنار آن ها باشد حتی

زمانی که کودک هنوز نو پا است و رژیم غذایی او محدود است. اگر او به سر میز غذا آورده شود دیگر گریه نخواهد کرد و اگر گریه کند علت آن این است که کسی به او توجه نمی کند. او می خواهد بخشی از گروه باشد.

چه کسی جز کودک به خاطر علاقه شدید به بودن در کنار ما حاضر است گریه کند؟ و چقدر با اندوه روزی خواهیم گفت «دیگر کسی به خاطر بودن ما در کنار خود گریه نمی کند. همه به فکر خود هستند و وقت خواب اتفاق های طول روز را به یاد می آورند اما هیچ کس به من فکر نمی‌کند.» تنها کودک، ما را به یاد دارد و هر شب می گوید «نرو، پیش من بمان» و بزرگسال می‌گوید «نمی توانم، کلی کار دارم. این مسخره بازی ها چیست؟» و بعد فکر می کند که رفتار کودک باید تصحیح شود و گرنه همه را اسیر خود می کند.

گاهی کودک صبح از خواب بیدار می شود و پیش پدر و مادر خود می رود تا آن ها را بیدار کند اما آن ها ترجیح می دهند بخوابند و همه از این کار او انتقاد می کنند. اما کودکی که از تخت خود خارج شده موجودی پاک و خالص است که همان کاری را انجام می دهد که همگان باید انجام دهند. وقتی خورشید برمی‌آید، همه باید بیدار شوند اما پدر و مادر هنوز خواب هستند. وقتی کودک به سراغ پدر و مادر می رود مثل این است که به آن ها بگوید «شما باید درست زندگی کردن را یاد بگیرید. صبح که می شود باید از خواب بیدار شوید» اما کودکان معلم نیستند او تنها به این خاطر به سراغ پدر و مادر خود می رود که آن ها را دوست دارد. وقتی از خواب بیدار می‌شود، از میان اتاق هایی که پرده های آن ها هنوز به روی نور بسته اند به طرف کسانی حرکت می کند که آن ها را دوست دارد. او شاید تلوتلو خوران اما بدون ترس از سایه ها و درهای نیمه بسته به پدر و مادر خود نزدیک می شود و آن ها را به آرامی لمس می کند. بیشتر اوقات آن ها می گویند «مرا صبح ها بیدار نکن» و کودک پاسخ می دهد «بیدارت نکردم. فقط بوست کردم» و پدر و مادر به دنبال راهی می گردند که او را نکوهش کنند. اما این اتفاق چقدر در زندگی می افتد که کسی که تازه از خوب بیدار شده، به رغم همه ی سختی ها بخواهد پیش ما بیاید نه به خاطر این که ما را بیدار کند بلکه به این خاطر که ما را ببیند و بوس کند؟

ما با خود می گوییم این بدرفتاری کودک باید اصلاح شود و این نشانه های عشق و محبت هیچ ارزشی برای ما ندارند.

این کودک که عاشق ماست نه تنها به خاطر صبح شدن بیدار می شود بلکه به خاطر پدر و مادرش بیدار می شود که بیش از حد می خوابند و بیشتر زندگی خود را در خواب به سر می

برند. همه‌ی ما این گرایش را داریم که هنگام کارها خواب باشیم با این حال با آمدن بچه، موجود جدیدی وجود خواهد داشت که ما را با ابزارهایی که از آن ما نیست بیدار نگه می‌دارد. موجودی که متفاوت از ما رفتار می‌کند و هر روز صبح در کنار ما ظاهر می‌شود تا به ما بگوید «نگاه کنید، زندگی دوباره آغاز شده، شما می‌توانید بهتر زندگی کنید»

ما همیشه می‌توانیم بهتر زندگی کنیم زیرا انسان متمایل به تنبلی است و این کودک است که می‌تواند به برخاستن او کمک کند. اگر بزرگسال در این راه تلاش نکند، خود را می‌بازد و کم کم به موجودی خشک و سرد تبدیل شده و حساسیت خود را از دست می‌دهد.

فصل پنجم

آموزش جدید

این ایده که آموزش باید از زمان تولد آغاز شود در بحث پیشین به طور مداوم مطرح شده است اما به مسئله نحوه انجام آن هنوز پرداخته نشده است. ظاهر این مسئله کاملا انتزاعی و غیر عملی بوده و یا دست کم به اندازه ی مباحث مرتبط با نیاز های سلامت کودک محسوس و عینی نیست. برای مثال، دکتر هایی وجود دارند که ایده ی ایجاد آموزشگاهی مخصوص را برای کودکان در نخستین سال زندگی آن ها مطرح کرده اند. در این آموزشگاه ها تمریناتی روی دست ها و پاهای کودکان انجام می شود تا برای حرکت های معمولی که در آینده مورد استفاده قرار خواهند داد، آماده شوند. بی شک چنین افرادی دچار اشتباه شده اند و به این مطلب توجه نمی کنند که نوزاد بیچاره به اندازه کافی کار برای انجام دادن دارد. چنین تلاش هایی موجب آسیب دیدن او می شود. اما ما نباید با حساسیت به این موضوع خود را محدود کنیم. ما می توانیم با چنین اقداماتی با استفاده از این اصل مقابله کنیم که: داشتن هرگونه تصوری در مورد آموزش نوزادان به این شکل خطا است. مشخص است که بزرگسالی که اندام های کودک را تمرین می دهد حالت های حرکتی خود را جایگزین حرکت کودک می کند و در نتیجه یک خطای عمومی را تثبیت می کند. بزرگسال هیچ گاه نباید تلاش کند به حرکات کودک براساس حرکت های خود حالت دهد بلکه باید او را رها کرده تا کودک براساس درک فیزیکی خود کار کند.

حرکت های فیزیکی باید از درون کودک نشات گیرند و توسط حیات درونی کودک سامان یابند. همین سامان دهی حرکات است که پیش تر از آن با عنوان تجسد روح و انرژی سخن گفته شد. ماهیچه در صورتی که تحت اختیار و خواست خود کودک نباشند به درستی رشد نمی کنند زیرا حرکت فیزیکی نمود خواست و اراده کودک است. ما کاری نمی توانیم انجام دهیم جز آن که منتظر باشیم تا این حیات درونی خود را سامان دهد. با این حال باید سعی کنیم به هر شکل ممکن فرایند رشد کودک را درک کنیم زیرا ما با کودک ارتباط مستقیمی نمی توانیم داشته باشیم، به خصوص ارتباط زبانی و بنابراین نمی توانیم به شکل دقیقی او را به عنوان یک فرد درک کنیم. این درک بسیار مهم از رشد کودک، اندک اندک به دست می آید اما حتما باید توجه داشت که چیزی برای مشاهده وجود داشته باشد.

عموما، ما کودک را به عنوان یک موجود نباتی یا فرد پردردسری در نظر می گیریم که نیازمند مراقبت بسیار است و همه را با گریه های خود آزار می دهد. ما او را به مدت یک سال مورد چنین برخورد و نگرشی قرار می دهیم و نسبت به رشد روحی او بی توجه هستیم. آن مذاهبی که بیان می دارند یک شخصیت انسانی از همان ابتدا درون کودک است درست می گویند. مسیحیان کودک را با این عقیده غسل تعمید می دهند که کودک دارای روح است و در نتیجه زندگی روحانی او را مورد تایید قرار می دهند. اما این شخصیت نهفته را برای مدت زمان بسیار مهمی از رشد کودک یا در تمام دوره ی رشد آن مورد بی توجهی قرار می دهند. خطا زمانی که فرد را در زمان رشد تحت تاثیر قرار می دهد بسیار مخرب تر از زمانی است که پس رشد کامل درونی اش در مورد او اتفاق می افتد. از این نظر، هر چیزی که جلوی رشد کودک را بگیرد بسیار خطرناک است چرا که می تواند بر کل شخصیت او که در نهایت پدیدار می گردد، اثر گذارد. بنابراین باید متوجه این مطلب باشیم که چنین مشکلی نه تنها در آموزش و تربیت کودک بلکه درمورد تاریخ بشری اهمیت بسیار زیادی خواهد داشت.

ما باید سعی کنیم نمودهای کوچکی که چگونگی رشد روحی و روانی کودک را از زمان تولد نشان می دهند، مشاهده کنیم. این نمودها در ماه‌های نخست الگوی قابل تشخیصی را به خود می‌گیرند.

مربیان یک کودک خردسال و همچنین کودکی که چند سال بزرگ تر است را به عنوان cera molle (موم نرم) تعریف می کنند که می تواند هر شکلی به خود بگیرد. مفهوم موجود در عبارت «موم نرم» صحیح است اما ایراد آن از این جهت است که مربی فکر می کند خود باید به کودک شکل دهد اما عکس قضیه صادق است؛ خود کودک باید به خودش شکل دهد. این امر یک اصل بنیادین است زیرا واقعا خود کودک به خودش انگیزه و حرکت می دهد، حتی از نظر شیوه های بیان و ابزار وجود خود. فرد بزرگسال که ارباب قدرتمند این موجودات کوچک است ممکن است با یک مداخله ی کورکورانه، نابخردانه و بی جا الگوهای ابتدایی را که کودک سعی کرده بر روی «موم نرم» خود پدید آورد، از بین ببرد. واقعا، اگر چنین مداخله ای را خبیثانه بنامیم، بیراه نگفته‌ایم.

یک داستان ژاپنی در مورد کودکانی وجود دارد که جان خود را از دست داده و به زندگی جاوید رسیده اند. این کودکان به شدت سعی و تلاش می کردند با تعداد بسیار زیادی سنگ کوچک، برج هایی بسازند اما شیاطین پلید برج های کوچک را سریع تر از آن که کودکان

بتوانند آن ها را بسازند از بین می برند. این داستان به صورت نمادین بیانگر ممانعت از رشد کودکان است.

اقدامات بزرگسالان با هر شدتی حتی اگر آگاهانه نباشند باز هم اثرات مخربی را بر تمام آنچه کودک با ظرافت و تلاش بسیار در خود به وجود آورده، خواهد داشت. زمانی که بزرگسال مواظب او نیست کودک کار خود را دوباره شروع می کند و سپس بزرگسال بار دیگر آن را خراب می کند. این کشمکش آن قدر ادامه می یابد تا این که کودک کاملا بی دفاع مانده و نمی تواند در دفاع از خود حرفی زده یا اقدامی کند.

بنابراین درک این میزان اهمیت تربیت در این مدت حساس آسان است – در حقیقت در این دوره تربیت از هر دوره ی دیگری مهم تر است. بزرگسال باید کاملا منفعل مانده و با هیچ روش کورکورانه یا نابجایی اقدام به مداخله نکند تا بدین صورت از تبدیل شدن خود به یک نیروی مخرب جلوگیری کند. ما می توانیم این موضوع را با در نظر گرفتن جهنم و اهریمن و مفاهیم مرتبط با آن ها درک کنیم: نیروی الهی سازنده و نیروی اهریمنی مخرب است. به عنوان مربیان ما می توانیم راه درست را انتخاب کنیم و از دقت و حساسیت خود استفاده کنیم تا متوجه گردیم چه اقدامی برای کمک به ساخته شدن شخصیت کودک مورد نیاز است. ما باید جلوی خود را گرفته و نگذاریم به نیرویی مخرب و اهریمنی مبدل شویم. نیروی سازنده همان کودک است، نه ما. به کرسی نشاندن این مطلب کار آسانی نیست زیرا در اذهان عمومی، این بزرگسال است که زندگی جدید را می سازد. بنابراین آن چه باید روی دهد نوعی خالص کردن خود است که بدان وسیله خود را از توهم قدرت مطلق بودن برهانیم.

پس از انجام این کار، باید سعی کنیم شخصیت کودک را بهتر بشناسیم. نخستین وظیفه ی مربی چه در ارتباط با کودکی نوپا و چه در مورد کودک بزرگ تر این است که شخصیت انسانی یک موجود نونهال را بشناسد و بدان احترام گذارد. زمانی که به کودک، به خاطر این که فکر می کنیم باعث آزارمان می گردد، اجازه نمی دهیم با ما باشد، به نوعی به او بی احترامی می کنیم. همان طور که در جهان بزرگسالان ملایمت هایی را مشاهده می کنیم، بنابراین داشتن چنین ملایمت هایی در برخورد با کودکان نیز اشتباه نخواهد بود. اگر بر سر میز غذا هستیم و کودک در اتاق دیگر به خاطر این که نمی تواند آن جا باشد در حال گریه است، در چنین شرایطی ما کودک را از احترامی که برای دیگران قائل می شویم محروم کرده ایم. ما باید این نکته را در نظر داشته باشیم که همانند هر شخص محترم دیگری، بودن کودک بر سر میز غذا نیز «باعث افتخار ما» است. ما باید از بودن او بر سر میز غذا خوشحال بوده و او را نزدیک خود نگه داریم. برخی اعتقاد دارند خوردن غذای بزرگسالان

برای کودکان ضرر دارد اما نباید نگران این گونه موارد باشیم. چیزهای زیادی ممکن است باعث آسیب به کودک شود و ما به آن ها اهمیتی نمی دهیم. از همه مهمتر، ما با بی اعتنایی به کودک موجب آزار و آسیب رساندن به او می شویم و ما این کار را حتی بدون عذرخواهی از او انجام می دهیم.

اعجاب برانگیزترین ویژگی کودک این است که او ناظری دقیق است که چیزهایی را می بیند که ما حتی نمی توانیم تصور کنیم چنین چیزهایی را دیده باشد. بنابراین چقدر عجیب است که ما فکر می کنیم باید رنگ های پرزرق و برق بپوشیم، در انجام حرکات مبالغه کنیم و با صدای بلند سخن بگوییم تا توجه آن ها را به خود جلب کنیم. آن چه ما نمی دانیم این است که کودک توانایی بالایی در مشاهده دارد و تصاویر زیادی را در ذهن خود نه تنها از چیزها بلکه از حرکات و رفتارها ثبت می کند. کودک در ذهن خود نه تنها چیزهای را ثبت می کند بلکه روابط بین آن ها را نیز در ذهن نگه داشته و زمانی که ما کمترین آگاهی از وضعیت او داشته ایم، او پیشرفت بسیار زیادی داشته. برای مثال کودکی که 4 هفته داشت هیچ گاه از خانه ی محل تولدش خارج نشده بود و تنها دو مرد را دیده بود، پدر و عمویش؛ ولی همیشه آن ها را جدا از یکدیگر دیده بود. سپس کودک روزی آن ها را با هم دید. او ابتدا متعجب به نظر می رسید و به یکی از آن ها و سپس دیگری برای مدت طولانی زل زد. آن دو مرد ساکت و آرام روبروی کودک ایستادند تا به کودک فرصت مشاهده دهند. اگر آن دو مرد از اتاق خارج شده بودند و یا چیزی گفته بودند که حواس او را پرت کند کودک هرگز از چنین تجربه ای که به شدت او را تحت تاثیر قرار داده بود چیزی سر در نمی آورد. دو مرد نهایتا اتاق را ترک کردند اما به آهستگی تا به کودک زمان بدهند تا هریک از آن ها را ببیند و خود را قانع کند که آن ها دو شخص متفاوت از یکدیگر هستند. در حقیقت همین کار می تواند نوعی تمرین از طرف بزرگسالان برای تربیت و پرورش کودک باشد تا در ساخت وجود درونی به او کمک شود.

مثال های دیگری نیز در مورد کودکانی که توانایی صحبت یا راه رفتن نداشته اند وجود دارد. بزرگسالی در آغوش خود یک کودک چند ماهه را حمل می کرد. کودک نقاشی میوه ای را در اتاق غذاخوری دید. او آن نقاشی را دید و ادای خوردن را از خود در آورد. در آن زمان کودک تنها شیر خورده بود اما بزرگسالان را در حال خوردن آن میوه دیده بود. بزرگسالی که او را حمل می کرد از این موضوع خوشحال شد و او را جلوی نقاشی نگه داشت تا علاقه ی کودک به نقاشی از بین برود. بی شک چنین بزرگسالی را می توانیم یک

مربی برای کودک بدانیم که به کودک اجازه می دهد تمرین درونی خود را که با تقلید حرکت بزرگسالان انجام شد به پایان رساند.

مثال دیگر در ارتباط با کودکی است که مجسمه هایی از رقاصان باله را در یک راهرو دید و بلافاصله شروع به رقصیدن کرد. او قبلا افراد را در حال رقص دیده بود و وضعیت رقص را در مجسمه ها تشخیص داده بود.

بچه ها همیشه جذب اشیاء یکسانی در یک اتاق می شوند. اگر کسی چیزی را که قبلا آن جا نبوده در اتاق جای دهد، کودک بی درنگ آن را می بیند و سپس سوال می کند که آن چیست. یک بار دختر کوچکی که برای بازی به بیرون از خانه برده شده بود متوجه تخته سنگی در کنار یک دیوار شد. توجه دختر به سنگ جلب شد و هر بار که از خانه خارج می شد تا زمانی که در کنار سنگ نمی ایستاد و به آن نگاه نمی کرد راضی نمی شد.

شکی وجود ندارد که کودکان عاشق نور و گل و نگاه کردن به حیوانات هستند. البته این موضوع کاملا قابل درک است زیرا می دانیم که آن ها مشاهده کنندگان دقیقی هستند که می توانند تصاویر چیزهایی را که می بینند در ذهن خود نظم دهند. کودک همیشه می کوشد علاقه شدید خود به مشاهده را اقنا کند. مثلا به دقت به دهان فردی که در حال صحبت او است نگاه می کند با این حال ما همیشه فکر می کنیم برای جلب توجه یک کودک حتما باید فریاد بزنیم یا او را با نام صدا کنیم. اما این گونه نیست چرا که به جای صحبت کردن اگر لب هایمان را به طور مشخص اندکی حرکت دهیم، توجه کودک کاملا جلب می شود. این چیزی است که او را مجذوب خود می‌کند زیرا آن چه در درون او در حال رشد است، آگاهی و توجه نسبت به کاری است که باید در آینده آن را انجام دهد – او در حال حساس شدن نسبت به زبان است. اگر کسی کودکی چهارماهه را نزدیک کسی بگیرد که تنها لب هایش را تکان می دهد، کودک با علاقه ی بسیار نگاه خواهد کرد. مشخص است که این حرکات لب بیشتر از هر چیزی دیگری موجب رضایت و خرسندی او می گردند زیرا این حرکات قوه تقلید او را که همراه با رشد درونی او وجود دارد، تحریک می کند.

بیایید به کودکان بزرگ تر نگاه کنیم. من این فرصت را داشته ام که پدران ژاپنی را ببینم که نسبت به ما درک عمیق تری از کودکان را نشان می دادند. یکی از این پدران در حال راه رفتن با فرزند دو ساله خود بود که ناگهان کودک در پیاده رو نشست. پدرش بر سر او فریاد نزد که « پیاده رو کثیف است – بلند شو!» بلکه صبر کرد تا این که کودک خودش بلند شد و به راه رفتن ادامه داد. حتی این کار نیز می تواند تمرین یک مربی برای کودک باشد چرا که

پدر شخصیت غالب خود را با احترام گذاشتن به تصمیم کودک تسلیم خواست او کرد. من یکی دیگر از چنین پدرانی را دیده ام که هنگام ایستادن پاهای خود را از هم باز نگه داشته بود تا کودک بتواند بین آن ها بدود. مرد بیچاره حتی در آن وضعیت با حالتی متشخصانه ایستاده بود. من این خرد و دانایی او را که بسیاری دیگر از مردمان نیز آن را کسب کرده و یا شاید از قبل از طریق سنت هایشان به آن ها رسیده باشد، به شدت تحسین می کنم. از طرف دیگر ما تنها نگران این هستیم که کودکمان باید همچون یک بزرگ در جامعه رفتار کند.

من مادری را دیدم که در حقیقت یکی از دوره های آموزشی ما را نیز گذرانده بود و زمانی که در شهر میلان کودک خود را در خیابانی همراهی می کرد، فضا پر از صدای زنگ ها بود و کودک دوست داشت بایستد و به صدای آن ها گوش دهد اما مادرش مانع از لذت بردن او شد و با نکوهش او را مجبور به حرکت کرد. قانع کردن بزرگسالان به داشتن حالت انفعالی همیشگی نسبت به فرزندانشان کار آسانی نیست با این حال برای یک فرد بزرگسال کاملا ضروری است که سعی کند این نیاز بایسته‌ی کودک را درک نماید و نخوتش که باعث می شود خود را شکل دهنده‌ی زندگی کودک بداند، کنار بگذارد.

این روزها همه ذهن ما تنها مشغول نیاز کودک به هوای تازه و آفتاب است که البته دو چیز بسیار مهم برای بدن هستند. اما اگر پرتوی خورشید برای بدن کافی است، در دنیای روح و روان هیچ پرتویی از نور خورشید وجود ندارد. در آن دنیا ساخت درونی کودک وجود دارد که در مورد هر کودک شکل خاص خود را دارد ─ و کند، شکننده و حیاتی است ─ و ما بزرگسالان با قدرت و رفتار کورکورانه خود آن را نابود می کنیم.

فرد بزرگسال باید این حساسیت و دقت را در خود به وجود آورد که همه ی نیازهای کودک را بازشناسد و تنها بدین شکل است که می تواند همه کمک مورد نیاز را به کودک برساند. اگر قرار باشد در این جا اصلی را بیان کنیم، آن اصل این است که نیاز ضروری کودک مشارکت او در زندگی ما است زیرا در آن دوره ای که او باید اقدام به واکنش و عمل را یاد بگیرد اگر چگونگی انجام کارها را نبیند، چیزی یاد نخواهد گرفت؛ دقیقا همان طور که اگر کودک کر باشد نمی تواند زبان را بیاموزد. پذیرفتن کودک در میان خود یعنی این که به او اجازه دهیم در زندگی ما مشارکت داشته باشد. این کار دشوار خواهد بود اما هیچ هزینه ای برای ما ندارد. این امر تنها به آمادگی عاطفی بزرگسال بستگی دارد. کودکی که کاری نمی کند، تقاضای چیزی هم نمی کند؛ حضور او تنها یک حضور روحی و روانی است. اما حضور کودک در میان بزرگسالان با تعصب مورد مخالفت قرار می گیرد و به شکل ظالمانه و بی رحمانه ای توسط علم بهداشت و سلامت نیز تقویت می گردد که کودک همچون سبزی

باید خواب فراوان داشته باشد. چرا ما باید او را مجبور به خواب کنیم؟ اگر اجازه دهیم کودک هر اندازه دوست دارد بیدار بماند و او را نزدیک خود نگه داریم، خواهیم دید که او به خواب بسیار کمتری نیاز خواهد داشت.

این تعصب که کودکان را به خواب محکوم می کند در میان مردمان مناطق شمالی بسیار رایج است و هیچ پایه ای ندارد اما ما بدون هیچ استدلال و منطقی آن را می پذیریم. یک بار کودکی پیش من آمد و گفت می خواهد چیز زیبایی را ببیند که در مورد آن حرف های زیادی شنیده است – یعنی ستاره ها. او هیچ گاه آن ها را ندیده بود چون همیشه مجبور بود بسیار زود به تخت خواب برود. درک این موضوع بسیار آسان است که کودکی که محکوم به خواب است، فرایند ساخت وجود درونی خود را بسیار خسته کننده می یابد چرا که همیشه مجبور است با بزرگسالانی در کشمکش باشد که فرایند ساختن را نابود کرده و اغلب او را مجبور به خواب می کنند.

عیسی مسیح (ع) به هنگام آموزش نیکوکاری چنین می گوید «شمع در حال دود کردن را خاموش نکنید» – بدین معنی که «به خود زحمت ندهید که شمعی را که خود در حال خاموش شدن است خاموش کنید». ما می توانیم این اصل را گرفته و در تربیت به کار گیریم: «طرح هایی را که کودک در موم نرم زندگی درونی خود پدید آورده، از بین نبرید.» این بزرگ ترین مسئولیت بزرگسال دربرابر کودکی است که در حال ساختن خود است.

مفهوم مهم آموزشی این است که ما نباید به موانعی بر سر راه رشد کودک تبدیل شویم. دانستن این که چه باید بکنیم نه مفهومی اساسی است و نه دشوار اما درک این موضوع که خود را باید از چه تصورات و تعصباتی برهانیم تا قادر باشیم کودکمان را تربیت کنیم، تا حدودی دشوار است.

فصل ششم

روش کلی من

روشن است که در شکل های آشنا و قدیمی تر تربیت به وجود حقیقی کودک پرداخته نمی شد بلکه بیشتر کودک را مجبور می کردند خود را با شکلی از جامعه وفق دهد که خاص بزرگسالان و در نتیجه متضاد ماهیت او در سال های اول زندگی بود. کودک تنها موجودی «آتی» بود و موجودی «در حال تبدیل» به شمار نمی آمد. بنابراین تا زمانی که به یک انسان کامل تبدیل شود، به حساب نمی آمد.

با این حال کودک همانند همه ی دیگر موجودات انسانی شخصیت خود را دارد. او در درون خود زیبایی و خلاقیت با عظمتی را دارا است که هیچ گاه از بین رفتنی نیست و به خاطر آن، روح حساس و پاک او از ما ظریف ترین نوع مراقبت را می طلبد. ما نباید تنها به جسم او اهمیت دهیم که البته ظریف و کوچک است. و همین طور ما نباید تنها به فکر غذا دادن او، شستشوی او و لباس پوشاندن او با دقت و اهمیت زیاد باشیم. این حقیقت که هیچ انسانی تنها با غذا خوردن زندگی نمی کند هیچ گاه به اندازه دوره ی کودکی مشهود نیست؛ چیزهای مادی در این دوره کمترین اهمیت را دارند و از چنین چیزهای مادی در هر سنی می توان برای مقاصد کم اهمیت استفاده کرد. برده نگه داشتن کودکان همانند بزرگسالان باعث ایجاد احساس پستی و از بین رفتن کامل عزت آن ها می شود.

فضای اجتماعی که ما به وجود آورده ایم مناسب کودکان نیست. او این جامعه را درک نمی کند زیرا جدای از آن نگه داشته می شود و در حالی که به خاطر جدا ماندن از آن نمی داند چگونه با آن وفق یابد، به مدرسه ای سپرده می شود که اغلب برای او به یک زندان تبدیل می شود. در این جا می توانیم به وضوح پیامد های مرگبار مدارسی که در آن ها روش های منسوخ آموزشی مورد استفاده قرار می گیرد را ببینیم؛ در این مدارس، کودکان نه تنها به لحاظ فیزیکی بلکه به لحاظ روحی نیز رنج می کشند. بنابراین مشکل اساسی تربیت و آموزش این است که: تاکنون تربیت شخصیت کودک مورد غفلت قرار گرفته است.

در هرجای دیگر، حتی در خانواده، خطای اصولی یکسانی را می بینیم: همه تنها به فردای کودک و موجودیت آینده ی او می اندیشند. هیچ کس در مورد زمان حال او که چیزهای زیادی برای زندگی نیاز دارد، نگران نیست. اغلب اوقات، خانواده های مدرن درگیر زندگی فیزیکی کودک هستند؛ رژیم معقول، حمام دادن، پوشاک مناسب، بازی در هوای تازه تنها معیارهای ارزیابی پیشرفت کودک هستند.

اما از میان همه ی نیازهای کودک، چیزی که بیش از همه مورد غفلت قرار می گیرد، همان چیزی است که انسانیت براساس آن تعریف می شود: نیازهای روحی او. موجود انسانی که

در جسم کودک زندگی می کند، پنهان باقی می ماند و ما تنها نیروها و انرژی مورد نیاز کودک برای دفاع از خود را می بینیم، مثل گریه ها، فریادها، بدرفتاری ها، خجالتی بودن، سرکشی، دروغگویی، خودخواهی و خرابکاری. اگر این راه های دفاع کودک را عناصر اصلی شخصیت کودک در نظر بگیریم، می بینیم که ما در مورد کودک دچار بزرگ ترین خطاها هستیم و وقتی ما چنین اشتباهی می کنیم، احساس می کنیم وظیفه ی ما است که این ویژگی ها را با بیشترین سختگیری و گاهی با تنبیه بدنی از بین ببریم. با این حال، چنین واکنش هایی از طرف کودک اغلب نشانه های بیماری روحی، یا گاهی اختلالات عصبی هستند که پیامدهای آن ها ممکن است تا پایان زندگی کودک احساس شوند.

ما همگی می دانیم که این دوره رشد مهم ترین دوره زندگی هر شخصی است و کمبودها یا بیماری های روحی در این دوره می تواند به اندازه ی سختی و گرسنگی فیزیکی مهلک باشد. در نتیجه تربیت دوره کودکی، مشکل اساسی بشر است.

بنابراین، ما موظف هستیم وظیفه شناسانه ترین تلاش ها را برای پی بردن به کوچک ترین سرکوب های روح کودک و ایجاد رابطه ی نزدیک با دنیای کودک به کار گیریم. تاکنون ما از قضاوت های بی رحمانه ی خود در مورد کودکان که همیشه در برابر توانایی های بسیار ما پر از نقص به نظر می رسند، لذت برده ایم. اما هم اکنون ما باید نقشی را بر عهده بگیریم که بسیار متواضعانه تر است. این امر با تفسیر امرسون از پیام عیسی مسیح (ع) مطابقت دارد که می گوید «کودکی، مسیح جاویدان است که پیوسته در اختیار انسان سقوط کرده بر زمین قرار می گیرد تا برای بازگشتش به بهشت دعا کند.» اگر فقط به این نکته توجه داشته باشیم که الزامات نگه داری از کودک بسیار فوری و مطلق هستند، خدمتی بزرگ برای بشریت انجام داده ایم.

هیچ کودکی در دنیای پیچیده ی بزرگسالان نمی تواند یک زندگی معمولی داشته باشد. در واقع اکنون کاملا مشخص شده است که بزرگسال با نظارت پیوسته خود، با نصیحت های قطع نشدنی‌اش و دستورات دلخواهانه اش رشد کودک را مختل کرده و مانع از آن می شود. بدین صورت همه ی انرژی حیاتی کودک در همان دوره عنفوان خود، خفه می شود و برای کودک تنها یک چیز باقی می ماند؛ علاقه ی شدید به رها کردن خود در اسرع وقت از همه چیز و همه کس.

بنابراین، ما باید نقش خود به عنوان زندانی کننده ی کودک را کنار بگذاریم و در عوض سعی کنیم محیطی پدید آوریم که در آن تا جای ممکن از خسته کردن کودک با نظارت و

دستوراتمان خودداری کنیم. هراندازه محیط مطابق نیازهای کودک باشد، به همان اندازه نقش ما به عنوان معلم و آموزش دهنده محدود می شود. با این حال باید این نکته را به خوبی به یاد داشته باشیم که دادن آزادی به کودک به معنای رها کردن کامل او و به حال خودش یا بی اعتنایی نسبت به او نیست. کمکی که ما به او می کنیم نباید به حد بی تفاوتی منفعلانه نسبت به همه ی مشکلات کودک برسد بلکه ما باید از رشد او با مراقبت محبت آمیز و محتاطانه حمایت کنیم. علاوه بر این، حتی در آماده کردن محیط برای کودک نیز ما با یک وظیفه ی دشوار روبرو هستیم چرا که به نوعی ما باید یک دنیای تازه ایجاد کنیم – دنیای کودکی.

اگر ما تنها وسایل کوچکی را که کودکان بدان ها نیازمند هستند فراهم کنیم، به سرعت خواهیم دید که آن ها فعالیت خود را به شکل فوق العاده ای نظم خواهند داد. هر چه انجام می دهند مورد خواستشان است و آن ها به بهترین شکل بی هیچ خطری با خودشان کنار می آیند زیرا می دانند چه می خواهند. در کودکان علاقه به فعالیت تقریبا بیشتر از علاقه به خوراکی است اما ما چنین چیزی را کمتر می بینیم چرا که محیط اجباری آن ها دچار کمبود است. اگر محیط مناسب را در اختیار آن ها قرار دهیم، خواهیم دید که آن موجودات مزاحم و ناراحت به کودکان شاد و فعال تبدیل می شوند و موجودات معروف به خانه خراب کن مبدل به محتاط ترین نگه دارندگان وسایل پیرامون خود می شوند. کودک شلخته و پرسرو صدا به موجودی آرام و منظم تبدیل می‌شود زیرا در صورتی که کودک ابزارهای خارجی برای سازگاری با محیط نداشته باشد، راهی برای استفاده از انرژی فراوان خود نخواهد داشت. علاوه بر این، او به طور غریزی به فعالیت هایی تمایل دارد که موجب بهره گیری از انرژی او می شوند زیرا بدین شکل او می تواند توان و استعدادهای خود را به کمال برساند. همه چیز به همین موضوع بستگی دارد.

البته امروزه همه ما با چیزهایی که برای کمک به رشد فکری کودک طراحی شده اند، آشنایی داریم. ممکن است بتوانیم صندلی های کوچک و برازنده ای را با رنگ های روشن پیدا کنیم که سبک باشد. این ویژگی باعث می شود کودک بتواند به راحتی آن ها را حمل کند. رنگ روشن آن‌ها باعث می شود که لکه ها به سرعت روی آن نمایان شوند و کودک متوجه مسئولیت خود شده و با آب و صابون آن ها را بشوید. کودکان همیشه مکان های محبوبی را برای خود یافته و در آن جا آرامش می یابند اما صندلی سبک باعث می شود هر حرکت مختصر کودک به خاطر صدایی که تولید می شود کاملا آشکار شود. در نتیجه کودک نسبت به حرکات بدنی خود هوشیار می‌شود. همچنین می توان برای کودک اشیاء کوچک شیشه ای

خرید. بدین صورت کودک می آموزد که اگر آن ها را بیاندازد، شکسته می شوند و برای همیشه از دست می روند. چنین ناراحتی برای او بدترین شکنجه خواهد بود.

از دست رفتن یک هدیه برای کودک ناراحتی بسیار زیادی در پی دارد. چه کسی علاقه ندارد به کودکی که با چهره برافروخته در حال گریه جلوی یک گلدان شکسته است، دلداری دهد؟ اما از آن زمان به بعد، کودک تمام تلاش خود را به کار می گیرد که هنگام حمل یک شیء شکستنی با دقت راه برود.

در صورتی که کودک نتیجه هر اشتباه کوچکی را که مرتکب می شود بدون دخالت پدر و مادر یا مربی خود ببیند، محیط خود به کودک درس می دهد. در چنین شرایطی والدین و مربی باید در مورد هر آن چه روی می دهد در نقش ناظری ساکت و آرام باقی بمانند. کم کم چنین به نظر کودک خواهد رسید که او می تواند صدای پنهان اشیا را بشنود که به او توصیه می کنند: «مراقب باش، نگاه کن! من یک میز تازه لاک خورده هستم. روی من خط نیانداز و مرا کثیف نکن». همچنین زیبایی وسایل و محیط نیز می تواند موجب ترغیب کودک فعال به دقت بیشتر شود. به همین دلیل همه چیز باید جذاب و زیبا باشد. دستمال های گردگیری باید رنگارنگ باشند. بُرس ها با رنگ روشن و صابون ها در شکل های جالب باشند. اشیاء جذاب کودک را دعوت می کنند که آن ها را لمس کند و سپس استفاده از آن ها را بیاموزد. او جذب یک دستمال گردگیری رنگی می شود و سپس می آموزد که با آن گرد میز و صندلی گرفته می شود، یا جذب برسی می شود که با آن لباس ها را برس می کشند و یا صابونی که باید با آن دستش را بشوید. بدین شکل، اشیاء زیبا از هر گوشه ای او را جذب خود می کنند و به طور عملی به او آموزش می دهند. بدین صورت دیگر این مربی نخواهد بود که به کودکان می گوید «کارل، لباست را برس بکش» یا «جان، دست هایت را بشوی». در شادی و حس موفقیت هر کودکی که از پس خود بر می آید و می تواند بند کفشش را ببندد، لباس بپوشد یا آن را درآورد تصویر عزت انسانی نمایان است که از نوعی حس استقلال نشات می گیرد.

لذتی که کودکان در کار کردن می یابند باعث می شود به همه چیز با شور و اشتیاق بیش از حد حمله ور شوند. وقتی آن ها دسته دری را برق می اندازند، آن قدر روی آن کار می کنند که مثل آیینه شود. حتی ساده ترین کارها مثل گردگیری و جاروکشی توسط آن ها با دقت و توجه زیاد انجام می شود. ظاهرا به پایان رساندن کارها نیست که کودکان را ترغیب به انجام آن ها می کند بلکه این حقیقت است که کارها باعث استفاده از انرژی های نهفته ی آن ها می گردد. همین استفاده از انرژی است که مدت زمان فعالیت را مشخص می کند.

کودک با تکرار این فعالیت ها خوشحال نمی شود اما می آموزد که آن ها را مهارت کامل انجام دهد. ما کودکان بسیار کوچکی را دیده ایم که لباس خود را پوشیده و در می آورند، دکمه های خود را می بندند، گره می زنند، میزها را بسیار مرتب می چینند و ظرف ها و لیوان ها را می‌شویند. انرژی بسیار زیاد آن ها در این حقیقت نیز خود را نشان می دهد که کودک از آن چه آموخته است در جهت منافع دیگر کودکانی که به اندازه ی او نیاموخته اند استفاده می کند. من کودکی را دیدم که روپوشی را بر تن دوست کوچک تر خود می کرد و بند کفش هایش را گره می‌زد. کودک دیگری پس از این که کودک کوچک تری سوپ خود را روی زمین ریخت، زمین را تمیز کرد.

وقتی کودکی ظرف ها را می شوید، او این کار را برای خود و برای دیگرانی انجام می دهد که آن‌ها را کثیف کرده اند. وقتی او میز را می چیند، او این کار را برای بسیاری کسان دیگر می کند که در این کار با او سهیم نیستند. با این حال به دنبال کاری که انجام می دهد انتظار پاداش ندارد. این خود کار است که برای کودک بلندپرواز پاداش به حساب می آید. روزی دختر کوچکی را دیدم که با ناراحتی جلوی یک بشقاب سوپ داغ نشسته بود و چیزی به کسی نمی گفت. ظاهرا کسی به او قول داد بود که او اجازه دارد میز را بچیند اما بعد آن موضوع را فراموش کرده و خودش میز را چیده بود. این دل‌شکستگی اشتهای او را کور کرده بود. احساس دل‌شکستگی او از شکم خالی اش قوی تر بود.

بنابراین، بدین شکل رفتار اجتماعی خارجی کودک رشد می کند. او هدفی دارد که به خوبی آن را درک می کند و به آسانی می تواند به آن دست یابد. با قرار دادن کودک در قالب محیط، این آزادی را به او می دهیم که به هدف خود دست یابد. قطعا علاقه حقیقی ریشه های عمیقی دارد. کودک تنها بدین شکل عمل می کند تا علاقه ی خود به فعالیت را اقنا کرده و نیازش به پیشرفت را برآورده کند. کودک بارها و بارها دست خود را می شوید، نه به این خاطر که کثیف هستند بلکه به این خاطر که او در دستان خود احساسی دارد که تعدادی اقدام ثانویه ی متوالی را می طلبند – ریختن آب روی دست، مالیدن صابون به دست و حوله. جارو کردن زمین، عوض کردن آب گلدان‌ها، قرار دادن میزهای کوچک سر جای خود، مرتب کردن تخت، چیدن میز غذا همگی فعالیت های منطقی هستند که تمرینات فیزیکی او را سامان می دهند. هر کسی که کارهای خانه را انجام داده باشد و خستگی پس از آن را تجربه نموده باشد، می داند چقدر تحرک برای انجام آن‌ها مورد نیاز است. مخصوصا این روزها مردم زیاد در مورد نیاز به ژیمناستیک و تمرین های فیزیکی صحبت می کنند. پس در این جا تمرین هایی

برای کودک وجود دارند – تمریناتی که تنها تمرینات فیزیکی و ماشین وار نیستند بلکه دارای هدفی مشخص و عینی هستند.

با این حال حتی این فعالیت ها نیز که کودکان با شور و دقت بسیار انجام می دهند و به طرز خوشایندی باعث شگفتی کسانی می شود که پیش کودکان می روند، بیانگر فعالیت های و امور ضروری نیستند. این فعالیت ها تنها یک شروع بوده و کم اهمیت ترین فعالیت های دوران کودکی را تشکیل می دهند.

متفکران و دانشمندان را در جهان چنین می شناسند که به قدری در افکار خود غرق می شوند که به کلی از خود جهان دور می مانند، همانند داستان این که چگونه نیوتون غذا خوردن را فراموش کرد و ارشمیدس بی تفاوت نسبت به غوغای جنگ در نبرد سیراکوس در میانه ی محاسبات ریاضی خود ناگهان توسط دشمن خود غافلگیر شد. با این حال، دقیقا همین داستان ها نشانگر یکی از ویژگی های انسان هستند که توانایی او در تفکر عمیق را تحت شعاع قرار داده است. کشفیات بزرگی که پیشرفت بشریت را به دنبال داشته است به اندازه ای که از قدرت تمرکز انسان و دور ماندن از جهان نشات گرفته، از فرهنگ یا دانش دانشمندان بهره ای نبرده است.

وقتی کودک حوزه ی فعالیت خود را در ارتباط با نیازهای درونی خود می یابد، او شور و اشتیاقی بسیار بیشتر از آن چه مورد نیاز است از خود بروز می دهد. او به دنبال ایجاد رابطه با انسان های اطراف خود است و این کار را نیز انجام می دهد.

اما نیازهای درونی خاصی هستند که وقتی کودک با انجام کارهای خاص غرق در برآورده کردن آن ها است، باید برای او فضای تنهایی و جدایی کامل از همه چیز و همه کس فراهم شود. هیچ کس نمی تواند در رسیدن ما به انزوای محبوبمان کمک کند که در آن دنیای مخفی و رازآلود خود را کشف می کنیم. اگر دیگران دخالت کنند، این حالت از بین می رود. این حالت فکری که ما آن را با رها کردن خود از دنیای بیرون به دست می آوریم باید با روحیه درونی تقویت شود و اطرافیان ما جز با تنها گذاشتن ما در آرامش نمی توانند تاثیر دیگری داشته باشند.

انسان های بزرگ یا استثنایی توانایی رسیدن به این حالت عمیق فکری را از خود نشان می دهند و همین حالت منشا قدرت درونی آن ها است. مردان بزرگی وجود دارند که از طریق همین قدرت فکری توان تاثیر بر توده های مردم را با تفکر آرام و خیرخواهی بی پایان به دست آورده اند. انسان هایی وجود دارندکه پس از مدت زمان طولانی دور ماندن از امور این جهان احساس کرده اند که باید مشکلات بزرگ نوع بشری را حل کنند و در همین حال با صبر بی پایان خود ضعف ها و نواقص همتایانشان که خود را تسلیم نفرت و خشونت کرده بودند، تحمل کرده اند. علاوه بر این، می بینیم که رابطه ای محکم بین فعالیت فیزیکی و تمرکز عمیق روح و روان وجود دارد. در نگاه اول این دو ممکن است در تقابل با یکدیگر به نظر رسند اما عمیقا هماهنگ با یکدیگر هستند زیرا هر یک منبع دیگری است. حیات روحی، نیروی محرک را برای زندگی روزانه مهیا می کند و از طرف دیگر زندگی روزانه، تفکر را حین کارهای معمولی و روزمره بر می انگیزند. انرژی فیزیکی مصرف شده پیوسته توسط روح و روان تجدید می شود. انسانی که به خوبی خود را درک می کند نیازهای حیات درونی خود را نیز دقیقا همانند نیازهای جسمی خود مثل خواب و گرسنگی، پاسخ می دهد. ذهنی که به نیازهای روحی خود پاسخ نمی دهد با همان خطرهایی روبرو است که یک بدن محروم مانده از خواب و خوراک با آن مواجه است.

اما از آن جا که قدرت تفکری در کودکان وجود دارد که در ارتباط با روح و روان است، روشن است که این ویژگی مختص افراد استثنایی یا نابغه نیست بلکه یک خصلت همگانی انسانی است که تنها در مورد شمار اندکی در زمان بزرگسالی نیز حفظ می شود.

اگر بخواهیم قدرت متزلزل تمرکز در کودکان را مد نظر قرار دهیم، باید وارد حوزه ای غیر از حوزه ی مرتبط با فعالیت های سودمند کودک شویم. شیئی که ممکن است بی ارزش ترین شیء باشد توجه کامل کودک را به خود جلب می کند. او خود را مشغول آن کرده و از هر راه ممکن آن را دستکاری می کند. البته دستکاری های او اغلب آن چنان منظم نیستند. اغلب او کاری را که لحظه ای پیش آغاز کرده خراب می کند و مجبور می شود کارش را از نو آغاز کند. این کار آن قدر ادامه می یابد که دیگر به نظر نمی رسد کارش با اشتیاق زیادی دنبال شود اما ما در حال مشاهده ی یک پدیده ی خاص هستیم. اولین بار که این جنبه از شخصیت کودک را کشف کردم، متحیر مانده بودم و با خود فکر کردم که هم اکنون من در برابر پدیده ای خارق العاده قرار گرفته ام که رازی اعجاب انگیز و جدید است چرا که در این هنگام بسیاری از تئوری های روان شناختی در برابر چشمان رنگ باختند. باور بر این بود ــ و من نیز چنین باور داشتم ــ که کودکان قادر نیستند بر هیچ چیز برای مدت زمان

طولانی تمرکز کنند. با این حال در برابر چشمان من، یک دختر بچه ی چهار ساله، با حالتی که تمام نشانه های تمرکز عمیق را در برداشت، در حال قرار دادن استوانه هایی با ابعاد مختلف در یک قاب چوبی بود. او آن ها را با دقت بسیار زیاد قرار می داد و وقتی دیگر استوانه ای باقی نمانده بود، آن ها را بیرون آورد تا بار دیگر درون قاب قرار دهد و به این روند که ظاهرا به پایان بی نظر می رسید ادامه می داد. در همین حال شروع به خواندن یک داستان برای بچه ها کردم. وقتی که او این کار کوچک خود را بیش از چهارده بار تکرار کرده بود، من پشت پیانو نشستم و دیگر بچه ها را دعوت به آواز خواندن کردم. دختربچه کار بی نتیجه ی خود را بدون هیچ حرکتی ادامه داد و حتی سرش را هم بالا نیاورد و کاملا نسبت به همه ی چیزهایی که اطرافش در حال روی دادن بود، غافل بود. ناگهان دختربچه دست نگه داشت و با لبخند و رضایت برخاست در حالی که چشمانش از شادی می درخشید. او همچون زمانی که کودکان با طلوع خورشید از خواب بیدار می شوند، شاد، آرامش یافته و خنده رو به نظر می رسید.

از آن زمان به بعد، من همین پدیده را بارها و بارها مشاهده کردم. وقتی کودکان یک کار جذاب را به پایان می رساندند، آرامش یافته و کاملا رضایتمند و خرسند به نظر می رسیدند. چنین به نظر می رسیدکه گویی مسیری جدید در روح و روان آن ها پدید می آمد که به قدرت های نهانی آن ها منتهی می شد و جنبه های زیباتر وجود آن ها را آشکار می کرد. آن ها خوش رویی زیادی نسبت به دیگران نشان می دادند، خود را برای کمک در اختیار دیگران می گذاشتند و سرشار از حسن نیت و خیرخواهی به نظر می رسیدند. بعد چنین اتفاق می افتاد که یکی از آن ها به آرامی به معلم نزدیک می شد و در گوش او چنان که گویی می خواست رازی با او در میان نهد، می گفت «من پسر خوبی هستم!»

این مشاهده را دیگران نیز ارزشمند یافته اند اما به طور خاص برای من بسیار مفید است. من آن چه را روی داده به عنوان یک قانون در مورد کودکان در نظر گرفتم و چنین کاری برای من این امکان را به وجود آورد که مشکل آموزش را به طور کامل حل کنم. برای من آشکار بود که مفهوم نظم و ترتیب، رشد شخصیت و همچنین رشد حیات احساسی و فکری باید از این منبع پنهان نشات گیرد.

بی شک کلید این روش آموزشی به این شکل است: آموختن به یادآوری لحظه های ارزشمند تمرکز فکری جهت استفاده از آن در زمان آموزش خواندن، نوشتن، داستان گفتن و بعدها گرامر زبان، حساب، زبان های خارجی و مانند آن است. علاوه بر این، روان شناسان قبول دارند که یک روش واحد آموزشی وجود دارد و آن روش این است که باید در دانش آموز

علاقه زیاد و توجه پایدار و پرنشاط حفظ شود. بنابراین آموزش و تربیت تنها نیازمند بهره گیری از قدرت های درونی کودک برای آموزش به خود او است. آیا این کار ممکن است؟ این کار نه تنها ممکن بلکه ضروری است. توجه و تمرکز باید کم کم در کودک برانگیخته شود تا نیروی تمرکز به وجود آید. برای این کار باید با چیزهایی شروع کردکه حواس را به خود جلب می کنند، به راحتی قابل تشخیص هستند و برای کودکان جذابند مثل استوانه هایی با اندازه ها و رنگ های مختلف که در طیف خاصی مرتب شده اند، صدهای متمایز گوناگون، سطوح زبر که به لحاظ بساوایی قابل تشخیص هستند. در گام بعد، الفبا، نوشتن، خواندن، دستور زبان، طراحی، و کارهای پیچیده تر مثل ریاضی، تاریخ و علوم را به کودکان معرفی می کنیم. بدین شکل است که دانش در کودک به وجود می آید.

در نتیجه، کار آموزگاران جدید به نوعی ظریف و دشوار است. این موضوع که کودک مسیر خود را در آموختن و رسیدن به کمال پیدا کند یا این که در این مسیر متوقف شود، به او بستگی دارد. چیزی که تفهیم آن به آموزگار از همه دشوارتر است، همین موضوع است زیرا کودک پیشرفت می کند و معلم باید خود را کنترل کرده و از هدایت او خودداری کند، حتی اگر چنین هدایتی در ابتدا مورد انتظار باشد. آموزگار باید به خوبی درک کند که نباید هیچ گونه تاثیری بر شکل گیری یا نظم دانش آموز خود داشته باشد بلکه همه ی ایمان او به کودک باید در ارتباط با قدرت های نهفته او باشد. بی شک حسی وجود دارد که آموزگار را وا می دارد پیوسته به دانش آموزان کم سن و سال خود نصیحت کند، اشتباهاتشان را تصحیح کند و آن ها را تشویق کند تا به آن ها نشان دهد که به لحاظ تجربه و فرهیختگی بر آن ها برتری دارد. در نهایت، آموزگار باید مصمم به از بین بردن کل حس نخوت خود باشد، در غیر این صورت به نتیجه ای نخواهد رسید.

یک آموزگار باید دارای پشتکار و پرتلاش باشد اما تلاش او باید در جهت تاثیرگذاری غیرمستقیم بر دانش آموز خود باشد. او باید وظیفه شناسانه محیط خاصی را ایجاد کرده و وسایل آموزشی را با هدفی خاص در آن قرار دهد و کودک را با دقت زیاد با کارهای عملی زندگی آشنا کند. آن چه از آموزگار انتظار می رود این است که توانایی تشخیص کودکی که مسیر خود را یافته از کودکی که دچار خطا شده، داشته باشد. او باید ثبات داشته باشد و آماده باشد که هرگاه نیاز بود عشق و ایمان خود به کودکان را نشان دهد و همیشه آماده ی کمک به آن ها باشد.

یک آموزگار باید خود را وقف بهتر کردن وضع انسان ها کند. او باید همچون یک وستال[1] باشد که آتش مقدسی را که دیگران روشن کرده خالص و عاری از آلودگی نگاه می دارند.

آموزگار باید خود را وقف آتش حیات درونی با همه ی خلوص و پاکی آن کند. اگر به شعله های این آتش بی اعتنایی شود، خاموش خواهد شد و هرگز روشن نخواهد گشت.

فصل هفتم

شخصیت کودک

1 وِستال ها راهبه‌های پیرو وِستا، ایزدبانوی آتش اجاق بودند که از آتش اجاقدان نگهبانی می کردند.

انتخاب عنوان «شخصیت کودک» برای این فصل تصادفی نبوده است. من قصد ندارم از واژه‌ی شخصیت تنها معنای خصلت های روحی صرف را بگیرم بلکه معنای مد نظر من شخصیت پیچیده کودک است که نه تنها دارای نمودهای فیزیکی و فکری است بلکه در بردارنده ی وحدت همه ی این نمودها و خصلت ها نیز هست به صورتی که از دید روان شناختی نمی توان آن را تحلیل کرد. علاوه بر همه‌ی این ها در این فصل قصد دارم نگاهی به همه ی آن اشکالی از فعالیت های کودکان بیاندازم که اغلب یا با دقت مورد بررسی قرار نمی گیرند و یا مهم دانسته نمی شوند.

این امکان وجود دارد که انجام یک فعالیت خاص توسط کودک را به صورت یک منحنی نشان دهیم. یک خط افقی نشانگر حالت استراحت؛ فضای بالای خط نشانگر فعالیت منظم؛ فضای پایین خط نشانگر فعالیت غیرمنظم؛ فاصله ی بین خط ها نشانگر میزان انجام دو فعالیت و جهت خط بیانگر طول زمان خواهد بود. بدین شکل می توانیم هر فعالیتی را در ارتباط با مدت زمان و میزان نظم آن نشان دهیم. این داده ها یک منحنی را ایجاد می کنند که بیانگر فعالیت کودک خواهد بود.

بدین شکل نموداری از فعالیت کودک را در «خانه ی کودک[1]» رسم می کنیم. او وارد می شود، برای لحظه ای آرام است، سپس سرگرم کار می شود. منحنی به طرف بالا به سمت فضای بیانگر نظم کشیده می شود. کودک خسته می شود و در نتیجه فعالیتش نامنظم است. منحنی از خط نشانگر استراحت می گذرد و به طرف پایین به سمت فضای بیانگر فعالیت نامنظم حرکت می کند. پس از این کودک کار دیگری را آغاز می کند. اگر مثلا در فعالیت اول با استوانه ها کار می کرده است، در فعالیت بعدی چند مداد شمعی برمی دارد و برای مدتی با علاقه با آن ها کار می کند و سپس شروع به اذیت کردن کناردستی خود می کند، منحنی باید دوباره به سمت پایین کشیده شود. پس از این، او به مسخره کردن دوستان خود می پردازد و منحنی در قسمت فعالیت نامنظم باقی می ماند. پس از فارغ شدن از این کار، او زنگوله ها را بر می دارد و با آن ها بازی می کند و کاملا غرق در آن ها می شود بنابراین، منحنی به سمت بالا و قسمت فعالیت منظم حرکت می کند. اما همین که از این کار نیز فارغ شد، نمی تواند سر خود را با چیز دیگری گرم کند و با حالت بدعنقی پیش معلم خود می رود.

منحنی قادر به بیان رویکرد و نگرش کودک نسبت به کارش نیست که به این موضوع به طور مختصر خواهم پرداخت. منحنی‌یی که هم اکنون تشریح شد بیانگر فعالیت معمول

[1] مدرسه

کودکان بسیاری است که نمی توانند به طور جدی روی چیزی تمرکز کنند یا خود را سرگرم چیزی کنند و بی هدف از فعالیتی به سراغ فعالیت دیگر می روند و ظرف چند ساعت تمام اشیائی را که قرار است نصف یک سال تحصیلی با آن ها کار کند را، امتحان می کند. این نوع بی سامانی کاملا رایج است.

پس از مدتی ـ ممکن است روزها، هفته ها، یا ماه ها به طول بیانجامد ـ بار دیگر منحنی فعالیت را برای همان کودک رسم می کنیم و متوجه می شویم که او به قدرت تمرکز دست یافته است.

منحنی دیگری وجود دارد که به طور مناسبی فعالیت کودکی را که فعالیتش چندان نامنظم نیست اما به نظم کامل نیز نرسیده است و فعالیت او چیزی بین دو حالت است. به محض این که چنین کودکی وارد مدرسه می شود، تمایل دارد کار آسانی را انجام دهد، مثل یک کار خانگی اما بعد آن کار را رها کرده تا در میان موارد آموزشی کار آشنایی را بیابد تا بتواند تمرینی را که از قبل با آن آشنا است ادامه دهد. اما پس از مدتی، او خسته و مردد به نظر می رسد و فعالیت او زیر خط نشانگر حالت استراحت قرار می گیرد. چنین الگویی را نه تنها در مورد یک دانش آموز بلکه در مورد یک کلاس می توان تایید کرد. در چنین حالتی، یک آموزگار بدون تجربه عملی چه باید بکند؟ آیا او باید چنین نتیجه بگیرد که کودکان پس از انجام کارهای آموزشی و خانگی بسیار خسته شده اند و اگر عدم تمرکز وجود دارد، مقصر او نیست؟

در صورتی که آموزگار نسبتا دل نرم باشد و نظریه ی روان شناختی که دارای شهرت بسیار است را بداند، قطعا فکر می کند که کودکان به خاطر کارها کاملا خسته اند و در نتیجه کار آن ها را متوقف می کند. برای تغییر حال آنها، بی شک آن ها را بیرون می برد تا بازی کنند و در آن جا آن ها دیوانه وار به دویدن و جنب و جوش می پردازد و بنابراین دوباره به کلاس بازگردانده می شوند و در آنجا نیز باز هم بی قرار تر از قبل خواهند بود. آن ها به تغییر فعالیت خود ادامه می دهند و حالتی که در حقیقت خستگی کاذب است، ادامه می یابد.

بسیاری از آموزگاران از چنین وضعیتی نتیجه گیری اشتباه می کنند. این تصور درست نیست که کودک از انجام کاری خرسند خواهد بود تنها به این دلیل که خود را انتخاب کرده است. روشن است که کودکان کارهای خود را آزادانه انتخاب می کنند، اما پس از لحظه ای تمرکز، بی قرار می شوند. آموزگاران چنین می گویند که هر کار از دستشان برآید انجام می

دهند – استراحت دادن، تغییر محیط – اما هیچ کاری موفقیت آمیز نیست و کودکان نه به کار خود ادامه می دهند و نه آرام و قرار می گیرند.

چنین آموزگارانی، این روش را به طور کامل خوانده اند اما به آن ایمان نداشته و لذا آزادی کودک را رعایت نکرده اند. طبیعتا آن ها می توانستند نصایح و توصیه هایی که قبلا به آن ها شده بود را مورد توجه قرار دهند اما آن ها به مداخله و هدایت کودکان پرداخته اند و با انجام چنین کاری، مانع از رشد طبیعی آن ها شده و آن چه را که آن ها سعی در ساختن داشته اند، از بین برده اند.

اگر به جای این کار آموزگار به آزادی کودک احترام گذاشته و به ایمان داشته باشد، و اگر اراده ی کافی برای فراموش کردن همه آن چه آموخته است را داشته باشد و اگر به اندازه ای متواضع باشد که مانع از مداخله خود گشته و صبوری را آموخته باشد، آن گاه شاهد تغییری کامل در کودک خواهد بود. او بی قرار باقی می ماند تا زمانی که شروع به گشتن به دنبال چیزی در اعماق ذهن خود کند که هنوز آن را نیافته است.

اما این امر تنها در صورتی ممکن است که کودک کار جدیدی را شروع نکند که حتی از کار اول هم دشوارتر باشد. چنین فعالیتی باید کل توجه او را به خود جلب کند، او باید تمرکز کرده و کل وجود خود را وقف آن کند و همزمان او باید از همه ی چیزهایی که در اطراف او می گذرند رها باشد و این همان چیزی است که ما به آن می گوییم فعالیت عالی.

وقتی که کودک موفق به انجام چنین کاری شد، قطعا شیئی را که وسیله ی تمرکز او بوده زمین خواهد انداخت اما سیمای این کودک کاملا متفاوت از کودک دچار خستگی کاذب است. اگر قبلا خسته بوده است اکنون چشمانش می درخشند و بسیار آرامش یافته است. به نظر می رسد که او تحت تاثیر نیروی جدیدی قرار گرفته باشد و توسط سیلی از انرژی جان دوباره یافته است. این فرایند یک چرخه کاری است که از دو بخش تشکیل شده است: بخش اول آماده سازی ساده و خالصانه ای است که کودک را با کار خاصی آشنا کرده و راه را برای انجام گرفتن بخش دوم یعنی خود کار حقیقی باز می کند.

کودک پس از فعالیت عالی کاملا آرامش می یابد؛ واقعا می توان این چنین گفت که تنها در آن زمان کودک به آرامش کامل می رسد. آرامش ذهنی و صفای باطن این کودکان به ما این حقیقت را می گویند که کودک به حقیقتی جدید دست یافته است. چنین کودکی هیچ نشانه ای از خستگی از خود بروز نمی دهد بلکه آن چه بروز می دهد نشانه های فیزیکی از سرزندگی بسیار است همانند همان نشانه هایی که پس از یک وعده غذای دلپذیر و یا حمام مطبوع در ما

وجود دارد. چنین فعالیت هایی نیز نوعی کار به شمار می آیند اما هرگز از انرژی ما نمی کاهند بلکه آن را تجدید می کنند. بنابراین، شکل های روحی و روانی از کار نیز وجود دارد که به روان نیرو می دهند. از آن جا که کودک در چنین فعالیت هایی می تواند به آرامش دست یابد باید چنین فعالیت های عالی را برای او امکان پذیر گردانیم.

باید به این موضوع توجه کنیم که معنای حقیقی استراحت چیست. برای ما، استراحت به معنای سستی و تنبلی کامل نیست. ماهیچه های ما در صورتی که بی حرکت بمانیم، آرامش نمی یابند، بلکه زمانی که به آهستگی به آن ها کار می کنیم استراحت می کنند. بدین شکل، ما استراحت را کار فکری می یابیم که به ما قدرت روحی می دهد.

زندگی پر از رمز و راز است. هیچ گاه آموزگاری که می گوید «من کودک را وا می دارم این کار یا آن کار را بکند تا به او انرژی داده باشم.» مورد توجه و احترام قرار نمی گیرد. اما این تنها راه درک و ارتباط برقرار کردن با کودکان است. تنها ندای زندگی می تواند کاری را بر گزیند که کودک واقعا به آن نیازمند است. بنابراین، همین که آموزگار متوجه این فرایند پر رمز و راز باشد و صبر کردن و ایمان داشتن را آموخته باشد، کافی خواهد بود.

کودکی که بدین شکل به آرامش رسیده است، شاد و بامحبت است. او حتی ممکن است دوست داشته باشد با اعتماد به نفس با آموزگار خود سرگرم گفتگو شود. چنان که گویی روح او آماده ی پذیرش چیزهای تازه بوده و در چنین زمانی او طالب آموزگار خود است چرا که تنها در این زمان متوجه جایگاه رفیع آموزگار خود می شود. تنها در این زمان است که کودک در پیرامون خود چیزهایی را می بیند که قبلا نسبت به آن ها کاملا به توجه بوده است. او بی شک به لحاظ فکری به غنای بیشتری رسیده، دارای درک بهتری است و انگیزه بیشتری نسبت به کار گروهی دارد. جهت تولید انرژی لازم برای انجام کارهای جدید براساس کشفیات تازه، کودک باید به خود مسلط شود. آموزگاری که آموزش های او به لحاظ روانی ضعیف و نادرست است در کودکان نه اعتماد به نفس و نه فرمانبرداری ایجاد می کند. حتی اگر به رغم همه موانع چنین آموزشی امکان پذیر باشد، بسیار ناقص و خسته کننده خواهد بود.

همه ی این مطالب ممکن است عجیب به نظر رسند اما باید با این حقیقت روبرو شویم که تاکنون با کودکان به درستی برخورد نکرده ایم. ایمان داشتن به شخص دیگر یا اطاعت از او نشانه ای از یک نیاز درونی نیست، اما ما کوشیده ایم چنین نشانه ها و نمودهایی را در کودک تقویت کنیم، بی آن که به او فرصت رشد نیروهای درونی و تسلط بر خود را بدهیم.

وظیفه ی اصلی ما به جای جلوگیری از رشد کودک، قرار دادن او در مسیر رشد وجود درونی خود است.

هرچه توانایی تمرکز و دقت کودک بیشتر می شود، آرامش عمیق حین کار بیشتر به دست می آید و پس از آن نشانه های بیشتری از نظم در کودک مشاهده می شود. آموزگارانی که از طریق روش های آموزشی خود به چنین نقطه ای رسیده اند، سخنان خاصی را در این رابطه بیان می کنند. مثلا یکی از آن ها به آموزگار دیگر می گوید «وضع کلاس هایت چگونه است؟ بچه ها هنوز سامان نیافته اند؟» و دیگری ممکن است بگوید «هنوز، نه» یا آموزگاری دیگر می گوید «آن پسر شلخته و بی نظم یادت هست؟ الان دیگر خودش را جمع و جور کرده و منظم شده» آموزگارانی که بدین شکل هم عقیده اند، به خوبی می دانند درمورد کودک چه اتفاقی می افتد؛ آرامش خودش به وجود می آید.

یک لحظه ی کوتاه می تواند شکل دهنده ی نظم کودک باشد، و کودکان به نظم رسیده در مسیر رسیدن به رشد روحی طبیعی هستند. کودکانی که به این مرحله می رسند تمایل زیادی به کار پیدا می کنند، به اندازه ای که نمی دانند چگونه لحظه ای را بدون انجام کاری بگذرانند و حتی زمانی که منتظر کسی هستند هم بی کار نمی مانند. آن ها کاملا مشتاق فعالیت هستند.

هر چه انرژی بیشتری صرف این گونه رشد شود، مدت زمان خستگی کاذب کمتر خواهد بود در حالی که دوره استراحت پس از کار بیشتر می شود و زمان بیشتری را برای فراگرفتن کارهای انجام شده در اختیار کودک قرار می دهد. این آرامش دارای ماهیتی کاملا خاص است ـ نوعی آرامش فعال و پویا ـ و در همین حال در درون کودکی که هیچ رابطه ای با جهان خارج ندارد، کاری در حال انجام شدن است. کودک از درون در آرامش است، به آن چه در اطرافش می گذرد، توجه می کند، چند تغییر جزئی به وجود می آورد و به چند کشف جدید می رسد.

تمرکز سه دوره ی متمایز را در برمی گیرد. آماده سازی، خود فعالیت عالی که یک شیء فیزیکی را نیز در بر می گیرد. و دوره ی سوم فعالیت درونی که طی آن کودک به سطح بالای رضایتمندی و آرامش می رسد. چشمه هایی از این آرامش و صفای درون از خارج نیز در کودک نمود پیدا می کند چرا که کودک متوجه چیزهایی می شود که قبلا هرگز به آن ها توجه نکرده بود. همراه با این حالت یک پدیده نیز وجود دارد: کودک به طور فوق العاده ای فرمانبردار می شود و به صبر غیرقابل تصوری دست می یابد که مایه ی شگفتی است زیرا آموزش بسیار اندکی در ارتباط با صبر و فرمانبرداری دیده است.

کودکی که نمی تواند تعادل خود را حفظ کند، به خاطر ترس از زمین خوردن نه جرات می کند راه برود و نه از دستان خود کمک می گیرد و در این حالت تنها مرددانه به کار خود ادامه می دهد. اما اگر یاد بگیرد که چگونه تعادل خود را حفظ کند، شروع به دویدن و بالا و پایین پریدن و چرخیدن می کند. همین مورد در مورد زندگی روانی کودک نیز صادق است. کودکی که تعادل روحی ندارد و نمی تواند افکار خود را جمع کند، بر خود نیز تسلطی ندارد. آیا او می تواند بدون خطر «زمین خوردن» تسلیم خواست دیگران باشد؟ چگونه او می تواند از خواست دیگران پیروی کند در حالی که نمی تواند فرمانبردار خواست خود باشد؟ فرمانبرداری چیزی نیست جز نوعی تسلط روانی که مستلزم تعادل درونی است. فرمانبرداری نتیجه قدرت و توانمندی است و به بهترین شکل آن را می توان با استفاده از اصطلاح «انطباق و سازگاری» بیان کرد. زیست شناسان چنین باور دارند که سازگاری یافتن با یک محیط خاص نیازمند نیروی زیادی است. بنابراین، این سازگاری که از آن صحبت می شود متشکل از چیست؟ این سازگاری متشکل از نوعی نیرو است که به فرد اجازه می دهد به گونه ای هماهنگ با عوامل موثر محیطی با پیرامون خود وفق پیدا کند و مکانیسم ها و عملکردهای پاسخ دهنده به محیط پیرامونی در وی به حد اعلای خود برسند. اما چنین نیروهایی پیش از این که وارد عمل شده و به محیط پیرامون واکنش دهند باید ابتدا در درون کودک به وجود آمده باشند زیرا چنین نیروهایی به تنهایی خود فقط به این دلیل که وجود آن ها مورد نیاز است، به وجود نمی آیند. باغبانان به خوبی می دانند که واداشتن یک گیاه به رشد اجباری آن را ضعیف می کند.

از این رو، کودکان باید موجوداتی بسیار قوی بوده و دارای تعادل روانی باشند تا بتوانند فرمانبردار باشند. ماهیتا، یک ارگانیسم قدرتمند می تواند خود را با شرایط وفق دهد؛ به همین صورت، یک روحیه قوی نیز فرمانبرداری می کند و می داند چگونه با همه چیز سازگاری یابد.

بنابراین این امر ضروری است که به کودک امکان رشد براساس قوانین طبیعت خود او داده شود تا بدین صورت قوی شده و با قدرتی که به دست آورده بتواند کارهایی فراتر از آن چه ما از او انتظار داشتیم انجام دهد. کودک باید به قدری رشد کند که بتواند عملکرد اصلی روح و روان خود (یعنی تمرکز) را در آرامش و آسودگی تمرین دهد. بقیه ی چیزها در اثر همین تمرکز به وجود خواهند آمد چرا که در این صورت او بر بدن خود تسلط یافته و می تواند هر طور که دوست دارد حرکت کند و می داند چگونه مراقب خود باشد. می توانیم ببینیم که او با توجه به این حقیقت به چنین تسلطی دست یافته که کودک می تواند کاملا آرام

باشد. اغلب تسلطی که یک کودک می تواند به دست آورد فراتر از آن چیز است که بزرگسال ها بدان دست می یابند. اما ما نباید فراموش کنیم که چگونه او به چنین رشد دست یافته و محیط چه نقشی را در این زمینه ایفا کرده است.

در این جا باید تاکید کنم چنین وضعی وجود نداشته که من اصولی را تعریف کنم و بعد روش آموزشی خود را بر اساس آن شکل دهم بلکه برعکس، تنها مشاهده ی دقیق کودکانی که به آزادی آن ها احترام گذارده شده بود برخی از قوانین وجود درونی آن ها را برای من آشکار کرد و من معتقدم این قوانین دارای ارزش جهانی بوده و در مورد کودکان عمومیت دارد. این کودکان نیز مانند دیگر کودکان در راه رسیدن به قدرت و توانمندی تلاش کرده بودند و از طریق مطمئن ترین غرایز خود بدان دست یافته بودند.

فصل هشتم

محیط کودک

تاثیر فراوانی که محیط بر موجودات زنده می گذارد قبلا به طور کامل در علوم زیست شناختی مورد توجه و تایید قرار گرفته است. تئوری های مادی گرایانه تکامل بیان می کنند که محیط تا چه حد بر زندگی موجودات زنده و شکل جانداران اثر می گذارد و آن ها را تغییر داده و به شکلی دیگر در می آورد. به رغم این که این تئوری مادی گرایانه اکنون رها شده است، اما اهمیت توجه به محیطی که زندگی گیاهی و جانوری رشد می کند مورد تایید و گواه بیشتر مطالعات انجام شده در این رابطه است. با این که بحث در مورد آرای گوناگون همه ی تئورسین ها ممکن نیست اما داشتن چنین برداشتی بر اساس کار تحقیقاتی فابره که با مطالعه ی دقیق محیط زندگی معمول حشرات نگرش های جدید را نسبت به زندگی آن ها ارائه کرد، کاملا توجیه پذیر است. بر اساس تحقیق او در زیست شناسی، این موضوع قطعی

است که هیچ موجود زنده ای را به طور کامل نمی توان درک کرد مگر آن که به مشاهده ی او در محیط طبیعی اش بپردازیم.

وقتی به سراغ انسان می رویم، می بینیم که او به جای وفق دادن خود با محیط، محیطی را به وجود می آورد که مناسب او باشد. انسان در یک محیط اجتماعی زندگی می کند و در این محیط، برخی نیروهای تعیین کننده ی روحی و روانی در کار هستند – یعنی روابط میان انسان ها که زندگی اجتماعی آن ها را به وجود می آورد. انسانی که در یک محیط سازگار و هماهنگ زندگی نمی کند نه می تواند قوای خود را به طور طبیعی رشد دهد و نه می تواند خود را بشناسد. یکی از اصول اساسی تئوری آموزشی مدرن به دقت به ضرورت رشد شم اجتماعی کودک و ترغیب او به در مسیر زندگی با همتایان خود می پردازد.

در همین حال، هیچ محیطی وجود ندارد که به طور کامل مناسب کودک باشد زیرا او در جهان بزرگسالان زندگی می کند. این نابرابری پیامدهای مشخص خاصی را در زندگی امروزی کودکان در پی دارد. برای نمونه، به دلیل عدم تناسب اندازه ی کودک و اشیا اطراف، او هیچ ارتباطی بین خود و آن ها حس نمی کند و نمی تواند به رشد طبیعی دست یابد.

این عدم تعادل محیطی نه تنها به خاطر تفاوت اندازه و ابعاد اشیا مهم است بلکه به خاطر اثرات این موضوع بر چابکی حرکات کودکان نیز دارای اهمیت است. یک شعبده باز بسیار ماهر را در نظر بگیرید که در حال اجرای شیرین کاری های خود است – اگر قرار بود من کارهای او را تقلید کنم، او با خود می گفت که این چه کاری است که من می خواهم انجام داد زیرا تقلید کارهای او دقیقا مثل خودش امکان پذیر نیست. اگر سعی کنم چنین کاری را با سرعت آهسته انجام دهم، قطعا طاقت او تاب می شود. آیا ما نیز با کودکانمان همین گونه رفتار نمی کنیم؟ در این جا من همه ی مادران یک نصیحت ساده می کنم: اجازه دهید کودک سه یا چهارساله تان خود را بشوید، لباس خود را در آورد و خودش غذا بخورد دقیقا همان طوری که خودش می خواهد.

اگر قرار بود ما نیز تنها یک روز در میحطی مانند آن چه برای کودکان خود فراهم می کنیم زندگی کنیم، به نظرم من ما نیز به شدت احساس ناراحتی می کردیم. در این صورت ما مجبور می شدیم همه ی انرژی خود را برای دفاع از خود با عباراتی مثل « نه، دست از سرم بردار، نمی خواهم» هدر دهیم. و در نهایت غرق در اشک می شدیم چرا که راه دیگری برای دفاع از خود نداشتیم. با این حال مادران به من می گویند: «این کودک غیرقابل تحمل

است! از جایش بلند نمی شود، حتی برای مدتی کوتاه هم نمی خوابد و همیشه می گوید نمی خواهم، نمی خواهم، نمی خواهم! هیچ بچه ای نباید این کلمه را اینقدر تکرار کند!»

اما اگر این مادران در خانه محیطی را فراهم می کردند که مناسب اندازه، انرژی و توانایی های روحی کودک بود، کودک دارای اختیار و آزادی بود و گامی بلند در جهت حل مشکل آموزشی برداشته می شد ــ کودک دارای محیط خودش بود.

مدرسه یعنی همان مکانی که برای کودکان ساخته شده است، باید دارای صندلی ها و تجهیزات متناسب با قد و اندازه و هماهنگ با قدرت فیزیکی کودکان باشد تا بتوانند آن ها را به همان راحتی جابجا کنند که ما وسایلمان را در خانه جابجا می کنیم.

بنابراین در این جا تعدادی اصول اساسی وجود دارند: صندلی ها باید سبک و به گونه ای باشند که کودک بتواند آن ها را به راحتی جابجا کند و تصاویر روی دیوار باید در ارتفاعی نصب شوند که کودک بتواند به راحتی به آن ها نگاه کند. ما باید این اصول را در مورد همه ی اشیاء پیرامونمان به کار ببندیم و از قالی ها شروع کرده و در پایان به گلدان ها و ظرف ها و دیگر وسایل این چنینی برسیم. کودک باید قادر باشد از هر چیزی که در خانه با آن روبرو می شود استفاده کند و همچنین باید بتواند کارهای عادی زندگی روزانه را انجام دهد ــ مثل جارو زدن، جاروبرقی کشیدن فرش ها، شستن و لباس پوشیدن. اشیا اطراف کودک باید دارای شکل مشخص و جذاب برای کودک باشند و «خانه کودک» باید از همه نظر دوست داشتنی و دلپذیر باشد زیرا زیبایی در مدرسه باعث ترغیب کودکان به کار و فعالیت می شود همان طور که بزرگسالان می دانند زیبایی در خانه باعث وحدت و مشارکت می شود. تقریبا می توان چنین گفت که رابطه ای ریاضی وار بین زیبایی محیط پیرامون کودک و فعالیت او وجود دارد. کودک در فضایی دلپذیر بیشتر به صورت داوطلبانه و خودخواسته به کشفیات جدید می رسد تا در فضایی زشت و نامطبوع.

کودکان این چیزها را خودشان خیلی خوب درک می کنند. دختربچه کوچکی از یکی از مدارسمان در سان فرانسیسکو روزی به دیدن یکی از مدارس دولتی رفت و سریعا متوجه شد که نیمکت ها پر از گرد و خاک هستند. او به معلم گفت «می دانید چرا بچه ها نیمکت ها را گردگیری نمی کنند و آن ها را این طور کثیف رها می کنند؟ چون دستمال گردگیری قشنگی ندارند. من هم بدون آن ها حاضر به گردگیری نیستم»

صندلی هایی که مورد استفاده کودکان قرار می گیرد باید قابل شستشو باشد. انگیزه ی چنین کاری تنها موارد بهداشتی نیست بلکه دلیل واقعی آن این است که صندلی قابل شستشو این

فرصت نوعی کار را به کودکان می دهد که آن را با علاقه زیاد انجام می دهند. آن ها می آموزند که به اطراف خود توجه کنند، لکه ها و کثیفی ها را با شستشو از بین ببرند و در طول زمان عادت می کنند که نسبت به پاکیزگی چیزهای اطرافشان، مسئولیت پذیر باشند.

مردم اغلب از من می خواهند که ترمزهای پلاستیک زیر پایه های صندلی بگذارم تا سروصدای آن کم شود اما من سروصدا را ترجیح می دهم زیرا چون این سروصدا کوچکترین حرکت صندلی را نشان می دهد. کودکان به شکل درست و متعادلی حرکت نمی کنند و نمی دانند که چگونه حرکات خود را به خوبی کنترل کنند. ماهیچه های آن ها بر خلاف ماهیچه های ما حرکات نامتعادلی به وجود می آورد به این دلیل که ماهیچه های آن ها هنوز به نظم و صرفه جویی در حرکات فیزیکی نرسیده است.

در «خانه کودک» هر حرکت ناگهانی که کودک می کند خود را با صدای میز و صندلی نشان می دهد و در نهایت کودک نسبت به بدنش خودآگاهی می یابد. همچنین باید تعدادی وسایل شکستنی نیز پیرامون کودک وجود داشته باشند – لیوان، بشقاب، گلدان و مانند آن. در این جا برخی پدر و مادران با تعجب می گویند « چرا؟ لیوان ها را در دست کودک سه – چهار ساله قرار دهیم؟! حتما آن ها را می شکنند!» با این حرفشان آن ها به برای لیوان ها ارزش بیشتری نسبت به فرزندانشان قائل می شوند. ارزش یک شیء چند سِنتی به نظر آن ها بیشتر از آموزش حرکات فیزیکی کودکانشان است.

در خانه ای که واقعا از آن کودک باشد، کودک تا حد ممکن خوش رفتار بوده و به دنبال کنترل حرکات خود است. بدین شکل، او بی آن که از خارج تحریک شود در مسیر کمال قرار می گیرد. ما می توانیم شادی و غرور تازه ای را در او ببینیم و گاهی نزاکتی وصف ناشدنی که مسیر که در آن قرار گرفته برای او طبیعی بوده و او عاشق آن است چرا که واقعا چه چیزی پیش روی یک کودک سه ساله قرار دارد؟ رشد او. او به یک انسان کامل تبدیل خواهد شد و ما باید هرکاری برای کمک به او انجام دهیم تا خود را کامل کند. به عبارت دیگر، ما باید او را با کارهایی که باید در آینده انجام دهد مورد تمرین قرار دهیم چرا که تمرین به رشد منجر می شود. کودک از شستن دست های خود لذت بسیار می برد، نه چندان به خاطر لذت دست شستن که بیشتر به خاطر کاری که برای به پایان رساند یک عمل مورد نیاز است. این اعمال همان زندگی است و همین امر منشا همه ی نیروهای کودک است.

ما در برابر زندگی کودک که در حال رشد است و سعی می کند از طریق کار و انرژی خود را کامل کند چه باید بکنیم؟ اغلب ما از کامل شدن این فرایند با تمام توان خود جلوگیری می

کنیم. برای مثال، در بسیاری از مدارس میز و نیمکت ها به زمین پیچ شده اند. کودکان شاد و پرنشاط بوده و گاهی حرکات آن ها نامتوازن است ما به ذهن آن ها خطور نمی کند که همین حرکات آن ها ممکن است باعث آسیب رسیدن به صندلی ها در صورت پیچ نبودن آن ها می شود. با پیچ کردن میز و صندلی از آسیب رسیدن به آن ها جلوگیری می کنیم اما کودکان هرگز به نظم و تعادل در فعالیت های خود دست نخواهند یافت. ممکن است ما لیوان و بشقاب فلزی در اختیار کودک قرار دهیم که می تواند آن ها را بر زمین بیاندازد بی آن که بشکنند اما با این کار ما او را وسوسه می کنیم که به طور شیطانی دست به شکست چیز ها بزند. بنابراین ما به دنبال آنیم که آن چه را که بد است به سادگی با توجه نکردن به آن لاپوشانی کنیم در حالی که آن کسی که حقیقتا درگیر امور است یعنی کودک را نمی توان به خاطر نارسایی هایش مقصر دانست.

و چنین کودکی، صرف نظر از این که به خطای خود ادامه خواهد داد، در مسیر رشد طبیعی خود نیز متوقف می ماند. کودکی که می خواهد کاری را خودش انجام دهد کاملا مشارکت جو و پویا است. وقتی می بینیم در حال تلاش است، بلافاصله وارد عمل می شویم تا به او کمک کنیم کارش را پایان دهد.

احتمالا صدای وسوسه درونی ما بدین شکل است «می خواهی خودت را بشویی و خودت لباست را بر تن کنی اما خودت را زحمت نیانداز؛ من این جا هستم می توانم هرکاری که دوست داشته باشی برایت انجام دهم.» کودکی که نیروی اراده را از او سلب کرده ایم، بدعنق و بدرفتار می شود. ما این بدرفتاری او را مورد توجه قرار می دهیم و گمان می کنیم با انجام کارها به جای او، به او کمک می کنیم.

ما باید به این فکر کنیم که برای کودکی که در نخستین سال های زندگی اش در محیط خانه ای بسته قرار داشته که در آن تنها چیزهایی وجود دارد که نباید آن ها را شکست یا کثیف کرد و او نمی تواند برای به دست آوردن کنترل خود یا آموختن نحوه استفاده از وسایل زندگی روزمره تمرین کند، چه اتفاقی خواهد افتاد. او از بسیاری از تجربه ها محروم خواهد ماند و زندگی او همیشه این کمبود را نشان خواهد داد.

همچنین کودکانی وجود دارند که هیچ کس نمی تواند به درستی با آن ها برخورد کند. آن ها همیشه بی قرار و بدعنق هستند و هیچ گاه نمی خواهند تغییر رفتار دهند و پدر و مادرشان آن ها را رها کرده و هرگز با آن ها رابطه برقرار نمی کنند. همه می گویند آن ها پدر و

مادری خوب و صبور هستند که چنین کودکانی را هر روز تحمل می کنند. اما آیا واقعا این معنی خوب بودن است؟ چه برداشت اشتباهی از خوب بودن!

خوب بودن واقعی به معنای تحمل هرگونه انحراف و اختلالی نیست بکله به معنای تلاش برای دوری از آن است. خوب بودن به معنای هر تلاشی است که برای کودک امکان زندگی طبیعی را فراهم می کند و به معنای آن است که توجه شود کودک موجود بی نوای کوچکی است و چیزی از خود ندارد و باید هر آن چه نیاز دارد به او داده شود و بر این اساس هر آن چه برای زندگی نیاز دارد، به او داده شود.

وقتی کودکی را در محیطی می نگریم که از آن او است و او را به واکنش وا می دارد، می بینیم که او در جهت کامل کردن خود به کار مشغول می شود. روش درست انجام کارها برای کودک نه تنها از طریق انتخاب اشیا بلکه از طریق امکان تشخیص خطاهای خود به وسیله آن اشیا مشخص می شود.

و ما باید چه کنیم؟

هیچ.

ما این تلاش را کرده ایم که چیزهایی را که به آن ها نیاز دارد در اختیار او قرار دهیم. از آن پس باید یاد بگیریم که بر خود مسلط بوده و از حاشیه به نظاره ی او بپردازیم، از دور او را دنبال کنیم، نه او را با مداخله خود خسته کنیم و نه او را رها کنیم. او همیشه وقتی درگیر چیزی است که برای او مهم است، آرام و خودکفا است. پس به جز مشاهده برای ما چه کاری باقی می ماند؟ این سوال دقیقا همان دلیلی است که من مدرسه ای را ایجاد کردم که در آن به طور خودجوش فعالیت های خود را رشد و پیشرفت می دهند در حالی که آموزگار تنها در مقام یک ناظر است دقیقا خلاف یک مدرسه معمولی که در آن نقشی فعال داشته و کودکان منفعل باقی می مانند. هر چه کودکان بیشتر پیشرفت می کنند، معلم باید نقش ناظر بیشتری به خود بگیرد.

در این حال اتفاقی جالب در مورد یکی از مدارس ما افتاد. دربان فراموش کرده بود در را باز کند و کودکان بسیار ناراحت بودند که نمی توانستند وارد شوند. نهایتا معلم گفت «بچه ها، شما از پنجره ها وارد شوید اما من نمی توانم» بنابراین بچه ها از پنجره وارد شدند و معلم تنها از بیرون نظاره گر آن ها بود.

محیطی شاد که کودکان را هدایت کرده و ابزارهای لازم را به کار گرفتن قوایشان در اختیار آن ها قرار می دهد، به آموزگار این اجازه را می دهد که موقتا در محیط غایب باشد. به وجود آوردن چنین محیطی خود به معنای به حقیقت پیوستن پیشرفتی بزرگ است.

فصل نهم

کودک در خانواده

تاکنون متوجه شده ایم که بیشتر آموزش دوران کودکی بر اساس افکار خطا و برداشت های اشتباه است هر چند که امروزه کوشش هایی انجام می شود که بر اساس مشاهدات دقیق، نگرش های مثبت تری را ارائه کنند. با توجه به موفقیت های گزارش شده در مورد روش های مبتنی بر مشاهده در هر دوره ای، روشن به نظر می رسد که مسیر آموزش دچار تغییر خواهد شد. روش‌های مدرن آموزشی که مبتنی بر نیاز به مشاهده کودک پیش از ابداع هرگونه روش و رویکردی هستند، نهایتا به خانواده ها نیز راه خواهند یافت و در آن جا نه تنها کودکی جدید به وجود خواهند آورد بلکه پدر و مادر را نیز تغییر خواهند داد.

تاکنون آموزش اصلی که پدر و مادر به کودکان خود می داده اند، شامل تصحیح نارسایی ها و نواقص آن ها می شده که به آن ها آن چه را که درست صحیح به نظر می رسیده آموزش می‌دادند هرچند که همانند موارد اخلاقی برای آن ها الگویی وجود ندارد – در صورتی که این کار کافی نباشد، آن گاه از فریاد زدن و تنبیه استفاه می شود. واقعا اگر جامعه به گونه ای بود که هیچ کس حق استفاده از تنبیه بدنی را برای آموزش کودکان نداشت، جامعه بسیار باآرامش بود.

اما چنین امری دو مسئولیت را بر دوش پدر و مادران می گذارد. آن ها باید قدرت و اختیار کامل در اختیار کودکان بی دفاعشان قرار دهند و همچنین باید به عنوان الگویی کامل برای آن ها عمل کنند. پدر و مادران به خوبی متوجه نقش تعیین کننده ی خود در چگونگی شکل

گیری شخصیت کودکان هستند و همان طور که ضرب المثل معروف بیان می دارد: دستی که گهواره را تکان می دهد بر جهان حکمرانی می کند. با این حال مادری که می داند در زمان کودکی خودش، تنها با تمرین و صبر موفق شده ساده ترین کارها را بیاموزد باز هم از توجه به همین نکته در مورد آموزش کودک خود غافل است. پدری که از دوران کودکی خود چیزهای زیادی را آموخته به خود زحمت نمی دهد که در مورد چگونگی شکل گیری شخصیت کودکش فکر کند و حتی کودکش را با دقت مشاهده نمی کند. در نتیجه، مسئولیت بزرگ پدر و مادران اغلب از روی بی دقتی یا حسن نیت و یا حتی به خاطر کمرنگ شدن تجربیات گذشته فراموش می شوند زیرا دیگر اهمیت خود را از دست داده اند.

البته تبدیل شدن ناگهانی به الگوهای تمام و کمال جهت مورد تقلید گرفتن توسط کودکان دشوار است. در هر صورت، تا پیش از آمدن موجود انسانی جدید و معصوم، پدر و مادر در بیان نواقص یکدیگر با هم رقابت می کرده اند. ناگهان آن ها با یک وظیفه ی جدید روبرو می شوند: وظیفه کامل و بی نقص بودن. از آن پس برای آن ها وظیفه آموزش کودک، تصحیح نواقص او، و بهتر کردن رفتار او از طریق تنبیه و از همه بالاتر از طریق ارائه ی الگویی عالی از خود به وجود می آید. در نتیجه شرایطی پدید می آید که به دلیل دشواری ها و تناقضات زندگی روزانه ما نمی توانیم در این جا به دقت آن را مورد بحث قرار دهیم.

بیایید به مشکل دروغ گویی نگاهی بیاندازیم.

یکی از مهم ترین وظایف یک مادر خوب این است که عادت راستگویی را به کودک خود القا کند. یکی از مادران آشنای من با بیان زشتی دروغ به دختر کوچک خود آموزش می داد که نباید هرگز دروغ بگوید. در همین حال او شخصیت استوار و شجاعانه افرادی را مورد تحسین قرار می داد که حاضر هستند همه چیز خود را به خاطر یک هدف نیک و عالی قربانی کنند، حتی با انجام اقدامی سزاوار سرزنش. او سعی می کرد به کودک خود بفهماند که از یک دروغ، کارهای بد بسیاری به وجود می آید که به همه بدی های موجود در جهان منجر می شود و این ضرب المثل را بیان کرد که: دروغگو ذهن ها را می دزدد. این مادر بالاتر از همه بر وظایف افراد ثروتمند و خانواده های خوب تاکید کرد که باید شایستگی خود را حفظ کرده و الگوهای خوبی برای بیچارگان باشند که وسیله ای برای آموزش ندارند.

اما همین مادر روزی تلفنی به یک کنسرت دعوت شد. او در حالی که بلند صحبت می کرد گفت «متاسفم، نمی توانم بیایم، سرم به طرز وحشتناکی درد می کند» او هنوز تلفنش را تمام نکرده بود که صدای گریه دختربچه را از اتاقی دیگر شنید. او به داخل اتاق دوید و دخترش

را دید که خود را روی زمین انداخته و با دست صورتش را گرفته است. «عزیزم چه اتفاقی برایت افتاده؟» کودک گریه کنان گفت «مادرم همین الان دروغ گفت».

ایمان او به مادرش از بین رفت و دیواری بین مادر و کودک به وجود آمد. افکار اجتماعی او دچار سردرگمی شدند، و تقدس آن ها برای کودک از میان رفت. مادری که تلاش بسیاری کرده بود که عادت راستگویی را در کودکش به وجود آورد از دروغ هایی که به گفتن روزانه آن ها عادت کرده بود، غافل مانده بود.

اغلب، کسانی که تلاش بسیاری برای ترغیب عادت راستگویی در کودک انجام می دهند او را در یک حالت و محیط ساختگی قرار می دهند که می توان خود آن را «دروغی کوچک» در نظر گرفت که از پیش برنامه ریزی شده و هدف آن فریب کودک است. در همین رابطه اجازه دهید داستانی را درباره ی کریسمس و بابانوئل برای شما بازگو کنم. روزی مادری از وانمود واقعی بودن بابا نوئل کاملا خسته شده بود و به دختر کوچک خود این موضوع را اعتراف کرد و آن دختر نیز از فریب خوردن خود چنان سرخورده و ناراحت شد که به مدت یک هفته دچار غم و افسردگی بود. مادرش زمانی که این داستان را برای من تعریف می کرد خود در حال گریه بود.

اما شرایط همیشه به این اندازه جدی نیست. مادری دیگر همین اعتراف را به پسر کوچک خود کرده بود و پسر با خنده به او گفت «مامان، من مدت ها است که می دانم بابانوئل وجود ندارد!» «پسرم، پس چرا این را به من نگفته بودی؟» «چون این کار همیشه شما را خوشحال نگه می داشت.» در این موارد نقش ها اغلب برعکس می شوند. کودکان که دقیق ترین مشاهده گران هستند نسبت به پدر و مادر خود ترحم نشان می دهند و برای این که آن ها را خشنود نگه دارند، حرف آن ها را تایید می کنند.

بسیاری از پدر و مادران معتقدند که کودکشان باید بدون هیچ بحث و جدلی نظم آن ها را بپذیرد و در عین حال آن ها را از صمیم قلب نیز دوست داشته باشد. در این جا نیز اغلب کودک، آموزگار پدر و مادران است چرا که افکار کودک پاک و بی آلایش بوده و درک او از عدالت باورنکردنی است.

یک شب، مادری از کودکش خواست که به تخت خواب برود. کودک ملتمسانه از او خواست که به او اجازه دهد کاری را که شروع کرده به پایان رساند اما مادرش قبول نمی کرد. نهایتا کودک به تخت خواب رفت اما کمی بعدتر بار دیگر بلند شد تا کاری را که در حال انجام دادن بود تمام کند. مادرش او را در حال انجام آن کار دید و او را مورد سرزنش تندی قرار

داد که سعی کرده مادرش را فریب دهد. کودک جواب داد «من فریبت ندادم. قبلا هم گفتم که می خواهم کارم را تمام کنم.» برای پایان دادن به بحث و جدل مادرش به او دستور داد که از او عذرخواهی کند. اما پسر کوچک همان طور که قبلا در رها نکردن کارش پافشاری کرده بود، به استدلال خود در مورد «فریب دادن» ادامه داد. او به توضیح ادامه داد که کسی را فریب نداده و بنابراین متوجه نمی شود برای چه باید عذرخواهی کند. مادرش گفت «بسیار خوب، می بینم که مرا دوست نداری!». کودک نیز پاسخ داد «ولی مامان، من خیلی دوستت دارم اما چرا باید عذرخواهی کنم وقتی که حق با من است». به نظر می رسد که در این جا کودک مانند یک بزرگسال و مادرش مثل بچه ها در حال صحبت کردن است.

در این جا مثالی دیگر را در مورد پدری بیان می کنم که روحانی یک کلیسای پروتستان بود و دختر کوچکش نیز هر یکشنبه به او کمک می کرد. یکی از روزهای یکشنبه، روحانی در مورد مِهر عیسی (ع) سخنرانی کرد و چنین گفت که همه ی انسان ها برادرند و بیچارگان و ستم کشیدگان عیسی را به یاد دارند. ما نیز اگر می خواهیم به رستگاری ابدی برسیم باید آن ها را دوست داشته باشیم. دختر کوچک درحالی که به شدت تحت تاثیر قرار گرفته بود کلیسا را ترک کرد. در راه خانه دختر کوچک بینوایی را دید که پر از زخم و جراحت بود و برای به دست آوردن پول گدایی می کرد. دخترک به طرف او دوید و با محبت او را بوسید. پدر و مادر سراسیمه دختر خود را که تمیز و خوش لباس بود پس کشیدند و او را به خاطر رفتارش سرزنش کردند. وقتی به خانه رسیدند او را با آب گرم شستند و لباس هایش را عوض کردند. از آن به بعد، آن دختر به موعظه های پدرش همانند دیگر داستان هایی که بر زندگی اش اثری نداشتند با بی تفاوتی گوش می داد. همانند این مثال ها، تقابل های بی شمار دیگری وجود دارند که به خاطر رابطه ی ضعیف بین والدین و فرزندان و در حقیقت بین بزرگسالان و کودکان به وجود می آیند.

وانمودهای ما و عدم کفایتمان ما را در جایگاهی نادرست در ارتباط با کودکان قرار می دهد و ما را پیوسته به سمت تقابل‌هایی می کشاند که نهایتا تبدیل به نزاع واقعی بین پدرومادر، و فرزندان می شود. آن گاه اختلاف و فاصله ای بین ما و کودکانمان به وجود می آید که دیگر هیچ کس قادر به از بین بردن آن نیست. با این که در نزاع اغلب قوی تر پیروز می شود اما اغلب بزرگسالان نمی توانند بر رقیب کوچک خود فائق آیند و نهایتا به این دلیل که حق با آن ها نیست، دست به دامان روش های تحمیلی می شوند. در چنین مواردی، بزرگسالان متمایل به حل شرایط دشوار با «روش تحکمانه» هستند. آن ها کودکان خود را وادار به فرمانبرداری کرده و وضع مطلوب خود را حفظ می کنند. پس از این که پیروزی به دست

آمد، آن ها این وضعیت را با دادن دستور ساکت بودن به فرزندان حفظ می کنند و بدین شکل «آرامش» تضمین می شود. در همین حال، کودکان ایمان خود به پدر و مادر را از دست می دهند و همه ی خودجوشی و اطمینان در روابط آن ها از بین می رود.

بدین شکل، عمیق ترین و ضروری ترین نیازهای کودک برآورده شدن باز می مانند. در نتیجه او برخی واکنش های مشخص را از خود بروز می دهد و یا این که در اثر وفق یافتن با رفتار ناعادلانه ی بزرگسالان برخی تنش های فیزیکی را پنهان می کند که می تواند گاهی به شرایط پاتولوژیک وخامت یابد. این نوع آسیب به اندازه ای رایج است که می توان آن را به عنوان مشخصه کودکان در نظر گرفت در حالی که در حقیقت نوعی مکانیسم دفاعی است، مثل کمرویی، و دروغگویی عمدی برای مخفی کردن برخی بدرفتاری ها. ترس نیز مانند دروغ گویی از فرمانبرداری منفعلانه نشات می گیرد؛ هر چند که ترس به نوعی جدی تر است زیرا تصورات و احساسات مغشوش و مبهمی را به وجود می آورد. سردرگمی در کودکانی به وجود می آید که فاقد هرگونه فرصتی برای رشد با آرامش درونی بوده اند. به این بیماری ها باید تقلید منفعلانه را نیز بیافزاییم. این گونه تقلید، بیشتر آغازی بر یک بیماری روحی است تا ابزاری برای رشد و کمال کودک. ما از طریق نگاه کردن به دیگران رشد نمی کنیم چرا که پیشرفت منحصرا کار خود ما است. خواسته هایی از کودکان که سرکوب می شوند در وجود او همچون ماده ای مسموم در استخری راکد، پنهان باقی مانند و کودک هرگز قادر نخواهد بود ارزش واقعی آن ها را بسنجد. از آن جا که این خواسته ها هرگز محقق نشده اند، از آن جا که به دلیل فقدان فرصتی برای تسلط بر آن ها، کودک هرگز نمی تواند آن ها را مهار کند و از آن جا که این خواسته ها همیشه با او هستند، اندک اندک او را جذب می کنند و از طریق علاقه ی نهانی اش او را اغوا می کنند.

چون بزرگسال انگیزه طبیعی کودک به کارها را خفه می کند، توانایی زندگی کردن، و انجام هر کار مفید و استفاده از انرژی فراوانش را از او می گیرد و به عبارت دیگر بزرگسال به مانعی بر سر راه رشد کودک تبدیل می شود که براساس قوانین طبیعی خودش در حال پیشرفت است. در نتیجه، کودک در مسیر اشتباه می افتد و به سراغ اشیاء و اسباب بازی های بی مصرف و چیزهای بیهوده می رود که هیچ هدفی را برای او در بر ندارند. ضمیر ناتوان گشته کودک از وجود او که باید قادر باشد از هر مانعی عبور کند، می کاهد تا غرق در سکون و بی حرکتی بپوسد.

در مورد چنین کودکی بال پرواز کودکی اش و انگیزه طبیعی اش به فعالیت از او جدا شده است. قوه تخیل او به سراغ چیزهای سرزنده و پرانرژی که باید مورد علاقه ی او باشد، نمی

رود بلکه دچار خطا و بدون احساس بوده و بیهوده در جهان خارج به دنبال راهی برای ارتباط است. به این خاطر که واقعیت در همه ی اشکالش از او پنهان مانده شکل بیمار و خیالی از زندگی در او به وجود می آید که کاملا به دور از واقعیت است.

اما روح کوچک کودک پیوسته مبارزه کرده و از خود دفاع می کند. همانند همه ی موجودات ناتوان، این تقابل خود را به صورت عصبی بودن، خودسری، خشم، گریه و اوقات تلخی نشان می دهد. کودک خود را درگیر نوعی شیطنت می کند – بیشتر جنبه ای دیگر از خشم و سرکشی از پیش برنامه ریزی شده – که انرژی را به طور درست به کار نمی گیرد بلکه از آن به شکل های دیگر از جمله شرارت و کارهای آزاردهنده ای استفاده می کند که تنها می توانند محصول یک ذهن بی مشغله و تنبل باشند.

علاوه بر این، معمولا چنین اتفاق می افتد که این یاغیان کوچک که مایه ی ناامیدی آموزگاران و همه ی دیگر افراد مرتبط با آن ها هستند، در میان دیگر کودکان مقلدان و پیروان کوچکی برای خود پیدا می کنند. قطعا یک بزرگسال هم در برابر دشمنی که در مامن او نفوذ کرده و برای او تعیین تکلیف می کند و قصد در هم شکستن اراده فرد تحت سلطه و بی سلاح خود را دارد، متفاوت تر از این عمل نمی کند.

به سیستم عصبی کودک در این نزاع فشار وارد می شود و امروزه دکترها در حال پی بردن به این موضوع هستند که علت اصلی بسیاری از بیماری های عاطفی، سرکوب در دوران کودکی است. اغلب در دوران کودکی علائم خطرناکی همچون بی خوابی، کابوس، ناراحتی گوارشی و لکنت زبان به وجود می آیند که همگی یک علت واحد دارند.

پدر و مادران صادقانه هر آن چه ممکن است را انجام می دهند تا بیماری های عاطفی کودکانشان را درمان کنند و می کوشند عیوب شخصیتی آن ها را از بین ببرند. آن ها برای درمان بیماری هایی که خودشان موجب آن ها بوده اند و تا بزرگسالی نیز ادامه خواهد یافت، سخت تلاش و خود را خسته می کنند. همه ی این ها به دلیل همان ظلم و سرکوبی است که در لباس عشق و محبت نیازهای واقعی را از کودکان سلب می کند.

ما باید روح ستم کشیده کودک را آزاد کنیم! آن گاه چنان که گویی سحری روی داده همه بیماری های ناشی از فشار و سرکوب از بین می رود و آن چه باقی می ماند تنها فطرت پاک او خواهد بود.

انسان ناقص همیشه نیاز به یک قدرت برتر را حس می کند که به او حقیقت را بیاموزد و راه درست را که هرگز نباید از آن منحرف شود به او نشان دهد.

اما اکنون باید جنبه ای دیگر از مشکلات را در نظر بگیریم. با این که پدر و مادران جوان باید روح زندانی کودک خود را که پاک و بی گناه است، آزاد کنند اما نباید تصور کنند آزادی تربیتی به معنای آن است که هرگز نباید عیوب آن ها را به طور کلی تصحیح کنند. در صورتی که چنین فکر کنند، کودک را در معرض پیامدهای بسیار این بی توجهی و تا حد زیادی خطر بیماری های عاطفی قرار خواهند داد. در این جا من قصد ندارم اصول جدیدی را بیان کنم بلکه به سادگی قصد دارم به نتیجه گیری دیگری برسم اما پیش از این کار باید به این فکر کنیم که برای کودک چه اتفاقی می افتد و ما باید از طریق راضی کردن او به چه هدفی برسیم. برای رسیدن به این مقصود باید ابتدا پدر و مادران را آماده کنیم.

اکنون همچون همیشه، مادران به خوبی با مراقبت های فیزیکی و جسمی برای رشد کودکانشان آشنا بوده و قوانین رژیم مناسب، تنظیم دمای محیط و فواید بازی در هوای تازه که موجب افزایش اکسیژن رسانی به شش ها می شود را می دانند. کودک همچون جانوری نیست که تنها باید به آن غذا داد بلکه از زمان تولد موجودی است دارای روح و روان. اگر قرار باشد به دنبال رفاه او باشیم، پس بسنده کردن به نیازهای فیزیکی کافی نیست. ما باید راه را برای رشد روانی او باز کنیم. ما باید از همان روز اول به انگیزه ها و خواسته های روح او احترام بگذاریم و بدانیم که چگونه از آن ها حمایت کنیم.

در مورد بهداشت فیزیکی کودک قوانین مشخصی برای اجرا وجود دارد اما قوانین بهداشت روان دامنه ای گسترده تر دارند و هنوز نیازمند درک و توجه هستند. کودک تنها نیاز به غذا را احساس نمی کند. لذتی که او از یاد گرفتن حرکتی خاص به دست می آورد که هیچ کس آن را درک نمی کند برای ما نشانه ای از نیازهای گسترده ی درونی او هستند. ما به جای مانع شدن از فعالیت او، باید برای او ابزارهایی فراهم کنیم تا آن را رشد دهد.

بیشتر اسباب بازی های امروزی فاقد انگیزش روحی و روانی هستند که مرتبط با کودک باشد و معتقدم این اسباب بازی ها نهایتا از بازار جمع آوری خواهند شد. بیایید نگاهی به تغییرات چند سال اخیر بیاندازیم. اسباب بازی ها به شدت بزرگ تر شده اند. عروسک ها به اندازه ای بزرگ شده اند که تقریبا هم اندازه ی خود دختربچه هستند و به همان صورت همه ی متعلقات عروسک مثل تخت، کمد، و دیگر چیزهای آن نیز بزرگ گشته اند.

اما دختربچه بدین شکل راضی نیست.

اگر اسباب بازی ها به بزرگ شدن ادامه دهند، دختربچه به رقیب عروسک خود تبدیل می شود و دوست خواهد داشت تخت و صندلی های کوچک عروسک را برای خود بردارد. او آن گاه به اوج شادی می رسد اما عروسک را دور می اندازد. دختربچه برای خود محیط مناسبی پیدا کرده و با شادی همه چیزهایی را که برای عروسک در نظر گرفته شده بودند، خودش استفاده می کند. همه این چیزهای دوست داشتنی و مفید، زندگی جدیدی را برای او فراهم می کنند ـ زندگی واقعی ـ تنها زندگی یی که می تواند او را شاد کرده و به طور طبیعی به رشدش کمک کند.

ما باید محیطی را در اختیار کودک قرار دهیم که او بتواند خودش از آن استفاده کند. یک دستشویی کوچک مخصوص خودش، تعدادی صندلی کوچک، میز تحریری که بتواند کشوهای آن را باز کند، اشیاء پر استفاده ای که بتواند با آن ها کار کند، تخت کوچکی که بتواند شب ها در آن زیر پتویی زیبا و جذاب بخوابد و خودش بتواند آن پتو را تا زده و پهن کند. ما باید محیطی را در اختیار او بگذاریم که او بتواند در آن زندگی و بازی کند؛ آن گاه او را خواهیم دید که تمام روز سرگرم کار با دستان کوچک خود است و بی صبرانه منتظر خواهیم ماند که او خودش لباسش را عوض کند و در تخت خوابش بخوابد. او صندلی ها را گردگیری خواهد کرد، آن ها را مرتب می کند، خوب غذا می خورد، خودش لباس می پوشد و آرام و باوقار خواهد بود بی آن که هیچ گریه، اوقات تلخی و شیطنتی در کار باشد ـ او با محبت و فرمانبردار خواهد بود.

روش تربیتی جدید محیط سازگاری برای کودک فراهم می کند و به طور کلی چنین در نظر می گیرد که کودک خود عاشق کار و نظم است. این روش فرصت لازم را برای مشاهده کودک فراهم کرده و به نیازهای ویژه ی روح در حال بسط و رشد او توجه می کند. روش جدید، روش روح و روان است اما آن چه را که تاکنون در مورد سلامت جسمانی مشخص شده نیز مورد بی توجهی قرار نمی دهد بلکه از آن بهره گرفته و از آن برای پیشرفتی نو استفاده می کند. قطعا، جنبه های روان شناختی وجود کودک برای ما از همه مهم تر است و این پایه ی روش تربیتی جدید است.

اکنون اجازه دهید اصولی را که به مادر کمک می کند بهترین مسیر را برای کودکش بیابد بیان کنم.

مهم ترین اصل این است که به همه اشکال فعالیتی که کودک درگیر آن ها می شود احترام گذاشته شود و سعی شود این فعالیت ها درک گردند.

ما دارای این گرایش هستیم که نمودهای معمولی زندگی را که نشانگر قدرت های درونی کودک هستند و او را به رشد انرژی هایش در همه زمینه ها وا می دارند، مورد بی توجهی قرار دهیم. وقتی در مورد فعالیت های کودک سخن می گوییم، تصور ما چیز خاصی است که برایمان کاملا عینی و قابل مشاهده باشد، شاید به این خاطر که ما را از بی توجهی معمولمان بیرون می آورند. شاید به نظر ما چنین چیزی در ارتباط با نوعی واکنش شیطنت آمیز یا یک انحراف روحی باشد که به دلیل انفجار انرژی های سرکوب شده به مدت طولانی در او به وجود آیند. اما بر خلاف این، نشانه های واقعی فعالیت کودک را به آسانی نمی توان یافت. ما باید به همه ی چیزهای خوبی که در وجود کودک هستند باور داشته باشیم و خود را آماده ی تشخیص آن ها با دقتی عاشقانه کنیم. تنها بدین صورت کم کم شروع به ارزیابی صحیح کودک خواهیم کرد. پدر و مادران، در صورتی که می خواهند به درکی معقول از نمودهای طبیعی کودک برسند، باید بدین شکل شروع به آماده سازی خود کنند.

در هر صورت، در این جا چند مشاهده از کودک در خانواده را بیان می کنم.

ابتدا اجازه دهید در مورد یک دختربچه ی سه ماهه صحبت کنم، موجود کوچکی در آستانه ی زندگی. من این دختر کوچک را حین فرایند کشف دستان خود مشاهده کردم. او هر تلاشی می کرد تا آن ها را بهتر مشاهده کند اما دستانش به اندازه ی کافی بلند نبودند و او برای این که آن ها را ببیند مجبور بود چشمانش را با سختی زیاد به سمت آن ها بگرداند. چیزهای زیادی برای دیدن در اطراف او وجود داشت اما تنها دستانش مورد علاقه ی او بود. تلاش های او یک نمود غریزی بود که باعث می شد او از راحتی خود در جهت رضایت درونی اش صرف نظر کند.

بعدا، به این دختر کوچک چیزی دادم تا آن را بگیرد و لمس کند اما او این کار را با بی تفاوتی بسیار انجام می داد. ظاهرا این کار توجه و علاقه او را به خود جلب نمی کرد. او دست کوچکش را باز می کرد و بدون کمترین توجهی اجازه می داد شیء بیافتد. از آن زمان به بعد، هر بار که او تلاش می کرد چیزی را بگیرد، چهره او شکل بسیار پر نشاط و مجذوبی را به خود می گرفت، چه آن شیء نزدیک باشد یا دور و چه در این کار موفق شود یا ناکام. او با چهره ای پرسش گونه به نگاه کردن به دستان خود ادامه می داد چنان که گویی می خواهد بگوید «چه طور است که گاهی می توانم چیزی را بگیریم و گاهی دیگر نه؟» مشخص بود که مسئله استفاده از دستانش توجه او را به خود جلب کرده بود. زمانی که او شش ماه داشت، جغجغه ای با زنگوله ی نقره ای به او دادم. آن را در دستش گذاردم و

کمکش کردم آن را تکان دهد تا صدای آن در بیاید. پس از چند دقیقه او جغجغه را انداخت. من آن را برداشتم و به او دادم و این کار چند بار تکرار شد.

به نظر می رسید که کودک عمدا جغجغه را می اندازد تا بلافاصله پس از آن به او بازگردانده شود. روزی، در حالی که آن را گرفته بود، به جای این که مثل همیشه به طور کامل دستش را باز کند، انگشت اولش را باز کرد، سپس انگشتی دیگر و انگشت بعد تا این که آخرین انگشت را باز کرد و جغجغه روی زمین افتاد. کودک به دقت به انگشتانش نگاه می کرد. او این حرکات را تکرار کرد و به نگاه کردن به انگشتانش ادامه داد.

مشخص است که آن چه توجه او را به خود جلب می کرد جغجغه نبود بلکه کار با آن و عملکرد انگشتانش بود که مهارت گرفتن شیء را دارا بودند و چنین مشاهداتی او را خوشحال می کرد. قبل از آن کودک چشمان خود را با سختی در وضعیتی قرار داده بود که دستانش را ببیند و اکنون در حال بررسی عملکردشان بود. مادر خردمند او نیز واکنش خود را به بازگرداندن جغجغه به او محدود کرده بود؛ در نتیجه او نیز در فعالیت کوچک کودک مشارکت می کرد و اهمیت بسیاری که در تکرار این بازی بود را درک می کرد.

این رخداد، ساده ترین نیازهای کودک را در مراحل ابتدایی زندگی او نشان می دهند. اما اگر آن دختر کوچک به خوبی مورد توجه و مشاهده قرار نگرفته بود، ممکن بود دستان او را بپوشانند و به اشتباه مانع از خواست کودک برای دیدن آن ها شوند و یا این که ممکن بود پدر و مادر جغجغه را از او بگیرند چون می دیدند که پیوسته آن را روی زمین می اندازد. اگر به همه آن چه بازگو کردم بی توجهی می شد، بهترین و طبیعی ترین راه رشد قوای فکری این دختر کوچک سرکوب شده بود. به جای لذت کشفی تازه، کودک به گریه می افتاد که برای پدر و مادر به ظاهر بی دلیل می نمود و از همان دوران کودکی اش دیوار سوءتفاهم بین ما و روح کوچک او کشیده می شد.

ممکن است برخی شک داشته باشند که در یک کودک بسیار کوچک حیات درونی وجود داشته باشد. قطعا این افراد در صورتی که متوجه نیازهای این موجودات کوچک هستند باید درک زبان مخصوص روح کوچک آن ها را یاد بگیرند تا نسبت به اهمیت نیازهای زندگی یی که در حال رشد است متقاعد شوند. احترام به آزادی کودکان شامل کمک به رشد این نیروها می گردد.

در این جا نمونه ای دیگر بیان می شود. پسری حدودا یک ساله روزی به نقاشی هایی که مادرش پیش از به دنیا آمدن او کشیده بود، نگاه می کرد. پسربچه تصاویر کودکان را بوسید

و به طور خاصی جذب تصاویر کودکان کوچک تر شده بود. او همچنین می توانست تصویر گل ها را تشخیص دهد و بینی خود را روی کاغذ قرار می داد چنان که گویی می خواهد آن ها را بو کند. مشخص بود که کودک می دانست چگونه نسبت به گل ها و کودکان رفتار کند. برای برخی افراد حاضر، این کار کودک بسیار جالب و دوست داشتنی به نظر رسید و شروع به خنده کردند و هریک شیئی را برداشته و در حالی که می خندیدند به بوسیدن و بوییدن آن پرداخت چنان که گویی رفتار های کودک اهمیتی جز خنده و سرگرمی نداشته است. آن ها مداد شمعی هایی در اختیار کودک گذاشتند تا آن ها را ببوسد، اما او کاملا گیج و سردرگم شد و حالت هوشمندانه و جذابی که در چهره اش پدیدار شده بود از بین رفت. قبل از آن، او کاملا خوشحال بود زیرا فهمیده بود چگونه چیزها را در نقاشی تشخیص دهد و نسبت به هریک چگونه رفتار کند. این فعالیت معقول که او را بسیار خوشحال کرده بود، موردی جدید و مهم در کسب هوش برای او بود اما توان درونی برای دفاع از خود در برابر مداخله بی رحمانه بزرگسالان را نداشت. کار او نهایتا این شد که همه چیز را بدون هیچ تمایزی می بوسید و مانند افراد پیرامونش می خندید. برای این کودک مسیر رشد مستقل مسدود شد.

ما چقدر چنین کارهایی را بی آن که متوجه باشیم در مورد کودکانمان انجام می دهیم! ما غرایز طبیعی آن ها را خفه می کنیم و اغلب ناراحتی ناشی از ناامیدی و ناتوانی را در او برمی انگیزیم که نهایتا به اشک های «بی دلیل» منجر می شوند، اشک های کودکانی که کورکورانه آن ها را مورد بی توجهی قرار دادیم چرا که از لبخند شادی که پس از برآورده شدن یک نیاز روحی به وجود می آید، غافل ماندیم. و این اتفاق دقیقا در ابتدای زندگی رخ می دهد یعنی زمانی که دریافت ها و برداشت ها از محیط بسیار حساس بوده و کودک شروع به پیروی از نخستین نشانه های روح انسانی می کند.

اگر کودک را تکان دهیم، می خوابد. آیا ما از روحی که با فریاد درخواست کمک دارد بیزار نیستیم؟

با این حال در صورتی که کودک فعال باشد، به سرعت در می یابیم که به خواب کمتری نیاز دارد. چشمان او درخشان و پرذکاوت بوده و نخستین نشانه های اجتماعی بودن را از خود نشان می دهند. او کمک می خواهد و هر کس چنین کمکی به او ارائه کند به سراغش می رود. مردم اغلب می گویند که یک کودک بسیار کوچک مادرش را به اندازه ی سینه ای که به او شیر می دهد دوست ندارد، همان طور که بعدها عاشق کسانی است که به او خوراکی می دهند. باید گفت که خیر: او در همان مراحل اول زندگی عاشق کسی خواهد بود که به کمال رساندن روحش کمک کند.

مشخص است که کودک جویای همراهی بزرگسالان است و از هر راهی می کوشد در زندگی آن ها مشارکت داشته باشد. کودک تنها زمانی به رضایت کامل می رسد که همراه با خانواده سر میز غذا بنشیند یا خود را جلوی آتش همراه با آن ها گرم کند.

آن صداهای انسانی که از آسایش و آرامش سخن می گویند، بی شک زیباترین آهنگ ها برای کودک هستند. طبیعت این وسیله سخن گفتن را در اختیار ما قرار می دهد.

دومین اصل این است که: *ما باید تا جای ممکن از علاقه ی کودک به فعالیت حمایت کنیم. پیوسته کارهای او را انجام ندهیم و درعوض به او بیاموزیم که مستقل باشد.*

تا به امروز، نخستین کلمات و نخستین گام ها همیشه به عنوان نشانه های مشهود و نمادین رشد در دوران کودکی در نظر گرفته می شده اند و نخستین شواهد پیشرفت بوده اند. نخستین کلمه نشانگر رشد زبان و برداشتن نخستین گام گواهی توانایی ایستادن و راه رفتن بوده است. بنابراین، این ها مهم ترین رویدادها در خانواده بودند و مادر باهوش و خردمند آن ها را زمانی که روی می دادند، ثبت می کرد.

اما راه رفتن و سخن گفتن دستاوردهای نسبتا دشواری هستند. پیش از آن که کودک بتواند بدن کوچک خود را با سر بزرگش در تعادل نگه دارد و بر روی پاهای کوتاه و کوچکش بایستد، به تلاش بسیار زیادی نیاز دارد. حتی همان کلمه اول کودک نیز نمود پیچیده ای از رشد کودک است. قطعا این دو دستاورد نمی توانند مرحله ابتدایی رشد کودک باشند. هوش و حس تعادل او تا همان زمان راه زیادی را پیموده اند و نخستین کلمه و گام برداشتن کودک چیزی جز مشهودترین مراحل رشد او نیستند؛ اما مسیری که قبلا کودک آن را برای رسیدن به این دو دستاورد پیموده نیز، توجه ما را می طلبند.

درست است که کودک به طور طبیعی رشد می کند اما برای محقق شدن این امر باید تمرین زیادی انجام دهد. اگر کودک تمرین کافی نداشته باشد، هوش او در سطحی پایین باقی می ماند. می توانم تقریبا چنین بگویم که ظاهرا رشد کودکانی که از همان زمان کودکی پیوسته راهنمایی شده و کارهای آن ها انجام می شود، به نوعی متوقف می گردد.

کسانی که به کودکان اهمیت نمی دهند در حقیقت همان کسانی هستند که در اولین وعده ی غذایی پس از دوره شیردهی، قاشق غذا را در دهان کودک فرو می کنند. اگر به جای این کار، بزرگسال همراه کودک کنار میز کوچکش بنشیند و برای غذا خوردن به او زمان کافی

بدهد، به زودی خواهد دید که دستی کوچک به سمت قاشق دراز می شود تا آن را به سمت دهان حمل کند.

همین امر دستاورد بزرگی برای یک مادر است و نیازمند عشق و صبر بسیار است. او باید به طور همزمان هم روح و هم جسم کودک را تغذیه کند اما روح اولویت دارد. حتی ممکن است مادر اصول دیگری نیز در ذهن خود داشته باشد – از میان پسندیده ترین آن ها – مثلا در ارتباط با نظافت پاکیزگی اما در این مورد آن ها در درجه دوم قرار می گیرند. کودکی که تازه شروع به غذا خوردن کرده نمی داند چگونه این کار را انجام دهد و در نتیجه خود را کثیف می کند. بزرگسال باید به سادگی نظافت را به خاطر انگیزه کودک به فعالیت، قربانی کند. طی دوره رشد کودک مهارت حرکتی خود را کامل کرده و می آموزد که بدون کثیف کردن خود غذا بخورد. پاکیزگی که بدین شکل توسط کودک به دست می آید بیانگر پیشرفتی واقعی است که یک پیروزی برای روح و روان کودک به شمار می آید.

ظرفیت خواست و اراده کودک از طریق تعداد حرکات معناداری که پیوسته می آموزد، مشخص می شود. حتی پیش از این که کودک صحبت کند و واقعا حتی پیش از آن که او راه برود – حدودا اواخر نخستین سال زندگی اش – به گونه ای رفتار می کند که گویی در حال پیروی از ندایی درونی است. او سعی می کند با استفاده از قاشق به شکل مرسوم غذا بخورد اما موفق نمی شود غذایش را به دهانش برساند؛ او گرسنه است اما هرگونه کمکی را رد می کند. تنها پس از آن که نیاز خود به فعالیت را اقنا کرد، کمک مادر را می پذیرد. ممکن است او به شکل وحشتناکی کثیف شده باشد اما چهره ی او از شادی و ذکاوت می درخشد. آن گاه، چون انرژی های درونی اش اقنا شده اند، همه چیز را با خوشحالی می خورد. و در کمال شگفتی خواهیم دید که کودکی که به این شکل تربیت شده، می تواند تا پایان نخستین سال زندگی اش، کارهای خودش را انجام دهد و خودش غذا بخورد. او هنوز نمی تواند حرف بزند اما به طور کامل هر چیزی که به او گفته می شود را متوجه می شود و سعی می کند با رفتارش به سخنان ما واکنش دهد.

این رفتارهای طبیعی کودک بیانگر ایجاد هوش و ذکاوت زودهنگام در او است. ما به او می گوییم «دست هایت را بشوی!» و او اطاعت می کند. دقیقا همین اتفاق زمانی که به او می گوییم چیزهایت را از روی زمین بردار یا آن ها را به کناری جمع کن نیز اتفاق می افتد – او هرکاری را با شوق و ذوق انجام می دهد.

روزی به همراه پسربچه ای حدودا یک ساله به طبیعت گردی رفته بودم که به تازگی راه رفتن را یادگرفته بود و ما در مسیری سنگلاخ در حال حرکت بودیم. اولین تصمیم من این بود که دست او را بگیرم اما بعد جلوی خود را گرفتم و سعی کردم او را با کلمات راهنمایی کنم. «از آن طرف برو» و «مواظب باش! سنگ جلوی پایت است. مواظب آن جا باش!» او با جدیتی دوستانه گوش می داد و فرمانبرداری می کرد. او نه زمین خورد و نه راه رفتنش با دشواری مواجه شد. من با نجوایی آرام، گام به گام او را راهنمایی کردم و او با دقت گوش می کرد و از مشارکت در این فعالیت معنادار درک کلمات من و سپس واکنش به آن ها با عمل خودش، لذت می برد. راهنمایی و هدایت کودک بدین شکل کار اصلی مادر است.

کمک واقعی نباید برای چیزهای بیهوده و بی معنی به کودک ارائه شود. کمک باید هماهنگ با تلاش های روح کودک باشد. کمک باید بر پایه ی درک طبیعت کودک و احترام به فعالیت غریزی او قرار داشته باشد.

سومین اصل این است که ما باید در روابطمان با کودکان بسیار مواظب باشیم زیرا آن ها نسبت به تاثیرات خارجی بسیار حساس هستند – بیشتر از آن چه ما فکر می کنیم.

اگر ما تجربه یا عشق و محبت کافی برای تشخیص نمودهای ظریف و حساس زندگی کودک نداشته باشیم و اگر ندانیم که چگونه باید به آن ها احترام بگذاریم، آن گاه تنها زمانی متوجه آن ها خواهیم شد که به صورت شدید و خشن بیان می شوند. و آن زمان برای کمک ما بسیار دیر شده است. بیشتر اوقات، این نمودها را تنها زمانی می بینیم که نیازی از کودک را برآورده نکرده ایم و او غرق اشک و گریه شده است و آن گاه برای آرام کردن او عجله می کنیم.

اما برخی پدر و مادران اصول آموزشی متفاوتی را در ذهن دارند. آن ها از گریه های کودکشان ناراحت نمی شوند چون از روی تجربه می دانند که این کودکان شروع به گریه می کنند و بعد خودشان آرام می شوند. اگر سعی کنند از کودک دلجویی کرده و او را آرام کنند – آن گونه که خودشان می گویند – کودک لوس می شود و در نهایت چنین عادت می کند که از گریه برای جلب توجه استفاده کند و پدر و مادر برده ی کودک لوس می شوند.

باید این چنین پاسخ گویم که گریه هایی که به ظاهر بی دلیل هستند پیش از آن که کودک به نوازش های ما عادت کند، آغاز می شوند. گریه نشانه ای از یک مشکل و ناراحتی واقعی است که کودک از آن در رنج است. کودک نیازمند آرامش و محیطی هماهنگ است تا حیات درونی خود را بسازد اما به جای آن، ما او را با مداخله های بی رحمانه و پیوسته ی خود می

آزاریم. ما احساساتی نامشخص را به او منتقل می کنیم که اغلب چنان سریع انجام می شوند که کودک زمان کافی برای درک آن ها را ندارد. آن گاه کودک به همان صورتی که در زمان گرسنگی یا زمانی که به دلیل زیاد غذا خوردن دچار سوءهاضمه شده گریه می کند، شروع به اشک ریختن می کند.

ما باید کودک را دلداری دهیم زیرا در هر صورت ما نسبت به نیاز های او بی توجهی کرده ایم. ما متوجه علت اصلی این گریه ها نمی شویم زیرا علت آن ها بسیار ظریف است اما در همان علت، توضیح همه چیز نهفته است.

هلن دختر کوچکی بود که هنوز یک سال نداشت و اغلب از واژه کاتالانی «پوپا» به معنای «بد» استفاده می کرد. علاوه بر این، او هیچ گاه بدون علت مشخص گریه نمی کرد. ما متوجه شدیم که او هرگاه چیز ناخوشایندی را تجربه می کند، واژه ی «پوپا» را به کار می برد. مثل وقتی که به جسم سفتی برخورد می کرد، احساس سرما می کرد، دست به خاک می زد و یا دستش را روی سطح زبری می کشید. معلوم بود که او می خواست متوجه چیز های اطرافش باشد. مردم نیز با کلمات همدردانه به او پاسخ می گفتند و یا انگشت کوچکش را که برای نشان دادن محل صدمه جلو می آورد، می بوسیدند. او به دقت مشاهده می کرد که دیگران چگونه با او برخورد می کنند و بلافاصله تسکین می یافت و می گفت «پوپا نه!» یعنی «حالم بهتر است، نیازی نیست دیگر مرا تسکین دهید». بدین شکل او در حال مشاهده ی اثرات رفتاری خود و برخورد اطرافیان خود بود. او کودک لوسی نبود زیرا هیچ کس او را غرق در نوازش نمی کرد و یا بیش از آن چه لازم بود از او دلجویی نمی کرد. اما با واکنش مستقیم به احساسات او، ما به او کمک می کردیم از مشاهدات خود سر در بیاورد و غرایز اجتماعی خود را رشد دهد در نتیجه ما در جهت کنترل و تقویت نخستین تجربه های او در زندگی عمل می کردیم. حساسیت ناب و بی نظیر طبیعت او بدون هیچ نقصی در حال رشد بود. ما هیچ گاه زمانی که چیز ناخوشایندی را تجربه کرده بود، به او نمی گفتیم «چیزی نشده». ما تجربه ناخوشایند او را می پذیرفتیم و سعی می کردیم با مهربانی بدون هیچ گونه تاکید نابجایی بر آن چه اتفاق افتاده، او را تسکین دهیم.

گفتن این که «چیزی نشده» به کودکی که چیز ناخوشایندی را تجربه کرده باعث گیج شدن او می شود چون این سخن برخلاف برداشت خود او است که برای آن به دنبال تایید دیگران است. اما از سوی دیگر مشارکت و تایید ما به او شهامت می دهد که با تجربیات دیگر مواجه شود و همزمان چگونگی درک آن ها را نیز به او می آموزد. نباید این تجربه ها را انکار کرد یا مدت زیادی در مورد آن ها صحبت کرد و یا به تحلیل عمیق آن ها پرداخت. کلمه ای

محبت آمیز تنها واکنش دلجویانه است. با انجام این کار، کودک می تواند خودش آزادانه به مشاهدات و تجربیاتش ادامه دهد و رشد فیزیکی او از این امر سود زیادی خواهد برد.

هلن دختری غُرغُرو نبود. اگر اتفاق بدی برای او پیش می آمد، او کلمه «پوپا» را تکرار می کرد و دوست داشت از او دلجویی شود اما تقریبا هیچ وقت گریه نمی کرد. یک بار وقتی که بیمار شده بود پیوسته به مادرش می گفت «پوپا نه!» چنان که گویی بخواهد خود را دلداری دهد. توان او در تحمل ناراحتی فیزیکی نسبت به سنش قابل ملاحظه بود. او درک خوبی از احساسات داشت و بیماری های کوچکش را همچون بزرگسالان تحمل می کرد.

اغلب کودکان وقتی درد و رنج شخص دیگری می بینند با دل شکستگی گریه می کنند. هلن و لارنس کوچولو هر دو در این مورد نسبتا حساس بودند. اگر کسی وانمود می کرد در حال زدن پرستارشان است و یا اگر پدرشان وانمود می کرد در حال زدن یکی از دوستانشان است، غرق در اشک و گریه می شدند. اگر کسی به هر دلیلی اظهار نارضایتی یا گریه می کرد، دختر کوچک به سرعت به طرفش می دوید و مهربانانه او را می بوسید اما دقیقا بعد از همان بوسه می گفت «پوپا نه!» یعنی که «نه، همه چیز خوب است و بیا دیگر در موردش صحبت نکنیم!». او هنوز صحبت کردن را نیاموخته بود اما رفتار او از ثبات و وضوح معنای بالایی برخوردار بود. با این حال لارنس از این هم فراتر بود؛ او با شهامت پدر خود را نکوهش می کرد. اگر پدرش حرکت تندی انجام می داد یا پسر کوچکش را هل می داد، لارنس گریه نمی کرد بلکه جلوی او می ایستاد، با جدیت به او نگاه می کرد و با آهنگی سرزنش آمیز می گفت «بابا، بابا!» و چنین منظور خود را می رساند که «نباید با من این کار را کنی!»

روزی لارنس در تختش بود و می خواست بخوابد؛ پدرش که در اتاق کناری بود با صدای بلند در حال صحبت کردن با شخص دیگری بود. لارنس سرجای خود نشست و فریاد زد «بابا!». پدرش پس از این اخطار آرام تر صحبت کرد و لارنس نیز با رضایت سرجایش دوباره دراز کشید و به خواب رفت. داستانی دیگر را نیز در مورد هلن زمانی که کمی بزرگ تر شده بود و حدودا سه سال داشت، به یاد می آورم. خاله هلن در حال نشان دادن مجموعه رنگ آمیزی من که بخشی از وسایل آموزشی ام هستند، به او بود. یکی از آن ها روی زمین افتاد و شکست، و خاله او نیز از این فرصت استفاده کرد و گفت «باید خیلی مواظب این مجموعه های رنگ آمیزی بود» و هلن نیز گفت «پس دقت کن و آن ها را نیانداز». بله، به همین صورت است که آن ها در مورد بزرگسالان قضاوت کرده و آن ها را

نکوهش می کنند و تنها زمانی که مداخله بزرگسالان بهترین دلیل را داشته باشد، حس عدالت آن ها اقنا می شود.

به هیچ وجه نیاز نیست که ما در برابر کودکان خود را در حد کمال نشان دهیم بلکه ضروری است که عیوب خود را بشناسیم و صبورانه مشاهدات دقیق کودکان را بپذیریم. با پذیرفتن این اصل، می توانیم هرگاه کار نادرستی را انجام داده ایم از کودکان عذرخواهی کنیم.

روزی خاله هلن به او گفت «عزیزم، امروز صبح من نسبت به تو بی ادبانه رفتار کردم و تو مستحق چنین رفتاری نبودی؛ من اصلا حال خوبی نداشتم!». هلن او را در آغوش گرفت و گفت «اما خاله عزیزم! می دانی که من تو را خیلی دوست دارم!»

این وظیفه ما نیست که الگوهایی بی نقص و در حد کمال برای کودک باشیم چرا که در چشم آن ها ما همیشه عیوب خودمان را خواهیم داشت اما اغلب آن ها بهتر از ما متوجه این موضوع می شوند و می توانند به ما کمک کنند آن ها را شناخته و تصحیحشان کنیم.

توجه کامل به همه ی نمودهای روحی و روانی یک کودک به معنای آزاد کردن او است تا بتواند نیازهای خود را بیان کند و بدین وسیله همه ابزارهای خارجی را در جهت پیشرفت خود تضمین نماید. این امر پیش نیاز آزادی و رشد هماهنگ او برای ظهور انرژی هایش است.

فصل دهم

آموزگار جدید

اساس سیستم تربیتی ما بر پایه استفاده از محرک های گوناگون برای بیدار کردن حس بررسی و ارزیابی در کودک قرار دارد. علاوه بر این، لازم است که ارزش های مطلقی به این محرک داده شود. کارایی بیشتر یا کمتر آن ها به آموزگار و چگونگی ارائه وسایل آموزشی توسط او به کودکان بستگی دارد. به همین دلیل، او باید بداند چگونه وسایل را برای کودک جذاب کند تا بیشترین کارایی را داشته باشد هرچند که میزان کارایی تنها توسط خود

آموزگار و روش ارائه او قابل تعیین است. بیایید نگاهی به درس ها یا خود آموزش، یعنی توانایی خاص ارائه وسایل به کودک و آموزش او به استفاده از آن ها بیاندازیم.

کسانی که روش ما را مطالعه کرده اند تا حد زیادی درگیر همه چیزهای مرتبط با آموزش بوده و مقایسه بین درس های داده شده در مدارس ما و مدارسی که از آموزش سنتی استفاده می کنند را جالب می دانند.

در روش آموزشی ما، بخش اصلی فعالیت توسط کودک آغاز می شود. به محض این که کودک به سنی برسد که قادر به انجام کارهای معنادار باشد، در موقعیتی است که می تواند آموزش را خودش ادامه دهد و به طور دلخواهانه آن تمرین های فیزیکی را که در ارتباط با فرایندی منطقی هستند، تکرار کند. او بدین شکل کاری را انجام می دهد که کاملا مستقل بوده و خودش را درگیر آن می کند و معلم در آن دخالت نمی کند. کار او به ارائه ی وسایل محدود است و در صورتی که کاربردشان را نیز به آن ها نشان دهد، همین اندازه کافی خواهد بود. پس از آن، او کودکان را برای انجام کارها رها می کند. هدف ما بیشتر آزادسازی و رشد انرژی روحی کودک است تا افزایش دانش او.

تعداد چنین درس هایی باید نسبتا بالا باشد چرا که کودک تمایل دارد تقریبا نسبت به همه چیزهای اطراف خود بی توجه باشد و نمی تواند خودش استفاده ی آن ها را حدس بزند. به همین دلیل آموزگار آماده ی توضیح کاربرد وسایل است. بسیاری از آموزگاران از من می پرسند که آیا ارائه ی تنهای وسایل به شکلی محبت آمیز و ترغیب گرانه کافی خواهد بود. باید گفت که در حقیقت این کار کافی نخواهد بود زیرا طرز استفاده از همه چیز مهم تر است. برای مثال، وسایل غذا خوردن را در نظر بگیرید. ما به خوبی می دانیم که چگونه از آن ها استفاده کنیم ولی اگر شخصی از خاور دور که نمی داند چگونه از آن ها استفاه کند، آن ها را روی میز ببیند، برای او جالب خواهند بود و او آن ها را در دستشان جابجا می کند چرا که تاکنون هیچ گاه کسی را ندیده که از آن ها استفاده کند.

بنابراین، آموزگار هنگام درس ها پیوسته در حال کار است – مکعب ها را بر اساس اندازه شان روی هم می گذارد، برج کوچکی درست می کند که بعدا آن را خراب می کند، استوانه ها را از جعبه ها بیرون می آورد، آن ها را با هم در می آمیزد و بعد آن ها را بر اساس اندازه یشان کنار هم می چیند و یا یک بازی را روی زمین می چیند. این بازی ها ممکن است عجیب به نظر رسند چون تقریبا در سکوت مطلق انجام می شوند. با این که ممکن است این گونه تصور شود که درس به معنای گفتار شفاهی باشد که به نوعی یک سخنرانی کوچک

است اما این آموزش غیرگفتاری یک «درس» حقیقی است. این درس به کودک می آموزد چگونه بنشیند، چگونه بایستد، چگونه میزی کوچک یا یک سینی را به همراه لیوان آب روی آن حمل کند و چگونه با راحتی و اطمینان حرکت کند. هرچه باشد، آیا این ها درس نیستند؟ حتی سکوت نیز یک درس است. با این نوع تمرین به کودک می آموزیم که آرام بنشیند و او را عادت می دهیم که همین حالت را حفظ کند تا این که کسی به آرامی نام او را صدا بزند. ما توجه او را به حرکات بدنش جلب می کنیم و او را تشویق می کنیم که به بهترین شکل از آن ها استفاده کند. آموزگار هرگز این آرامش را با کلمات آموزش نمی دهد بلکه این کار را با آرامش و سکوت خودش انجام می دهد. بنابراین می توانیم این گونه بگوییم که «درس های آرام» ما بیانگر روش ما هستند. ما همه چیز را به همین صورت آموزش می دهیم، حتی چیزهایی را که بیشتر افراد باور دارند بدون استفاده از کلمات قابل فهم نخواهند بود.

در مدارس ما، خود محیط به کودکان آموزش می دهد. آموزگار، تنها کودک را در تماس مستقیم با محیط قرار می دهد و به او نشان می دهد که چگونه از چیزهای مختلف استفاده کند. اما چنین کاری هرگز در روش های دیگر قابل اجرا نیست. در آن جا تنها چنین عباراتی را می توان شنید «ساکت باش!»، «وول وول نخورید!» و این عبارات قرار است کلمات آموزشی باشند! برعکس، ما به قدرت آموزشی کلمات و دستورها به تنهایی اعتقادی نداریم اما محتاطانه و بدون این که خود کودک بداند، سعی می کنیم فعالیت طبیعی او را هدایت کنیم. این کودک است که موفقیت روش ما را نشان می دهد و توانایی های جدید را کسب کرده و با ابتکار و تمرین مجدانه خود آن ها را به کمال می رساند. اما فرمانبرداری از یک دستور نیازمند یک شخصیت از قبل شکل گرفته است. به عبارت دیگر، کودک باید از قبل توانایی واکنش به گونه ای که ما می خواهیم را به دست آورده باشد زیرا فرمانبرداری از طریق تمرین کودک روی آن به دست می آید و تنها با دستور دادن کسب نمی شود. چقدر پیش می آید که بشنوید یک آموزگار پیانو بگوید «انگشتانت را درست تر بگیر» بدون این که به شاگردش نشان دهد چگونه باید آن ها را بگیرد! شاگرد دوباره انگشتانش را اشتباه می گیرد، آموزگار سخن خود را تکرار می کند و شاگرد به اشتباه گرفتن انگشتانش ادامه می دهد.

قبل از دستور دادن، باید چیز ضروری دیگری وجود داشته باشد. نوعی نظم خاص باید طی رشد روانی کودک به دست آمده باشد که اطاعت از بزرگسالان را ممکن کند. کودک خودش به این نظم می رسد و از آن حفاظت می کند. همه آموزش های گفتاری ما باید نسبتا در اواخر دوره آموزش مورد استفاده قرار گیرند زیرا پیش از آن که کودک به حالتی از نظم درونی

دست یابد اندیشیدن در مورد چگونگی هدایت او ممکن نیست. البته کلمات نیز باید یاد داده شوند اما واژگان کودک و نحوه استفاده او از آن ها نیز باید مورد توجه قرار گیرد.

اغلب آموزگاران کم تجربه بیشترین اهمیت را به آموزش می دهند و باور دارند پس از آن که چگونگی استفاده از چیزها را به شکلی معنا دار نشان داده اند همه کارهای ضروری را انجام داده اند. اما در حقیقت، آن ها از واقعیت دور مانده اند زیرا کار آموزگار مهم تر از این است. وظیفه هدایت رشد روح کودک بر عهده او است و بنابراین کار او با کودکان محدود به درک آن ها نمی شود. همه ی کارها و نظارت های آموزگار در پایان باید در توانایی او در کمک به کودکان نمود پیدا کند – و این تنها توجیه او خواهد بود.

وظیفه آموزگاران جدید دشوار است و من سعی می کنم همه ی اصولی را که می تواند برای آن ها مفید باشد، یادآوری کنم. قبل از هرچیز، آموزگار باید بداند چگونه تمرکز حواس کودکان را تشخیص داده و مورد توجه قرار دهد. هرگاه کودک در حال انجام فعالیت عالی خود است، آموزگار باید به کار او احترام گذاشته و با ستایش یا تصحیح کار، مزاحم او نشود. البته برخی از آموزگاران به درستی متوجه این اصل نشده اند؛ آن ها وسایل را پخش کرده، خود را کنار می کشند و هر اتفاقی که بیافتد سکوت خود را حفظ می کنند. در نتیجه کلاس دچار هرج و مرج می شود. احترام به فعالیت کودک، که آن را عدم مداخله می نامیم، تنها زمانی توجیه پذیر است که چیز قابل توجهی در زندگی کودک در حال وقوع است – یعنی زمانی که او توانایی تمرکز کل حواس خود را روی چیزی به دست آورده و خود را وقف آن نموده و علاقه زیادی به آن نشان می دهد (نه فقط کنجکاوی). احترام زمانی که انرژی مفید کودک در بی نظمی و هرج و مرج در حال از بین رفتن است، قابل توجیه نیست. یک بار کلاسی را دیدم که بدون نظم و آشفته بود و کودکان از وسایل کاملا به صورت اشتباه استفاده می کردند. آموزگار نیز همچون مجسمه ابوالهول ساکت بود و به رفت و آمد در کلاس می پرداخت. من از او پرسیدم که بهتر نیست بچه ها بیرون بروند و سرگرم بازی شوند. سپس از کنار کودکی رد شدم که به آرامی در گوش کودکی دیگر در حال زمزمه بود. از او پرسیدم «چه می کنی؟». «دارم آرام صحبت می کنم تا مزاحمش نشوم»

این آموزگار دچار خطایی بزرگ شده بود. او به جای آن که در جهت ایجاد نظم که به سود کار فردی کودکان است، تلاش کند، از مداخله در بی نظمی آن ها واهمه داشت.

یک بار آموزگاری به من چنین گفت «شما از ما می خواهید که تمرکز کودکان را به همان اندازه ای که به تمرکز یک دانشمند یا هنرمند احترام می گذاریم، محترم شمریم. پس چرا می

گویید در صورتی که کودکان در حال سرگرم کردن خودشان با خود وسیله آموزشی به جای کار با آن ها هستند باید مداخله کنیم؟» من نیز به او گفتم «درست است، من به فعالیت فکری کودکان به اندازه ی لحظات الهام گرفتن یک هنرمند احترام می گذارم اما این احترم من الهام گرفتن هنرمند را در جایگاه بالاتری نسبت به خود هنرمند قرار می دهد. اگر برای مثال من وارد کارگاه هنرمند شوم و او را در حال سیگار کشیدن و ورق کشیدن ببینم، قطعا تردید نخواهم کرد که به سراغ او رفته و با او صحبت کنم که «خوب، دوست من چه چیزی تو را مشغول خود کرده؟» این نوع مشغله تمرکز کمی از هنرمند را به خود می گیرد! «پیپت را زمین بگذار تا کمی پیاده روی کنیم و از آفتاب لذت ببریم!»

روش ما قطعا مشوق احترام به نواقص و موارد سطحی نیست. این روش اساسا بر پایه توانایی تشخیص تفاوت حالات فیزیکی کودک و تقویت حالاتی است که به سلامت روانی او منجر می شوند (می توانیم آن ها را حالات خوب بنامیم)، همچنین حالاتی از کودک که نه سازنده و نه شکل دهنده رفتار او هستند و به از بین رفتن رشد و هدر رفتن انرژی های او منجر می گردند، باید کاهش داده شوند (این ها را حالات بد می نامیم).

ما باید نه تنها به عنوان آموزگار بلکه به عنوان مادر این تمایز را با تمام وجود مورد توجه قرار دهیم.

ممکن است یک آموزگار با انرژی و هیجان شاگردش را مورد خطاب قرار دهد و در نتیجه به طور ناگهانی او را حالت رفتاری که در حال انجام آن است بیرون بکشد اما آن هایی که کار خود را خوب بلدند ابزارهایی موثرتر از فشار به نظم درآوردن ناگهانی کودک در اختیار دارند. بی شک، چنین روشی نیازمند نظارت پیوسته و کار مداوم است. آموزگار باید نظارت دقیق داشته و به دقت محیط اطراف کودک را تنظیم کند. فکر می کنید چقدر این کار ساده تر از دستور دادن و هشدار دادن است! با این حال، برعکس این کار آسان نیست و نیاز به عشق و بینش بسیار دارد.

آموزگار باید به همان صورت که یک زن با جذاب و دلپذیر کردن محیط خانه به همسر خود اهمیت می دهد، خود را با مشغول محیط کودک کند. اما این کافی نیست؛ او باید بداند بر کودک چه می گذرد و باید با دستان خود گهواره فکر و هوش کودک را که در حال شکل گیری است حرکت دهد. آموزگار با کار و مشاهده به تصویری روشن از وظایف خود می رسد. نظم و بی نظمی کودک و موفقیت هایی که آموزگار کسب می کند اغلب به توانایی او

در دیدن غیرمشهودترین خصایص کودک بستگی دارد زیرا تنها با مشاهد دقیق نتایج رضایت بخش خواهند بود.

اجازه دهید مثالی را بیان کنم که نشان می دهد چگونه یک خطای به ظاهر ساده به عواقب دور از انتظاری منجر می شود. یک خانه ی کامل را در نظر بگیرید. اگر ساکنان خانه از سینک های دستشویی و وان برای نگه داری زغال استفاده کنند، قطعا نخواهند توانست خود را شستشو کنند و به خانه و وسایل آن آسیب می رسانند. آن ها نمی توانند از امکانات بهداشتی که در اختیارشان بود استفاده کنند و در نتیجه در شرایط اسف بار خود باقی می مانند که همه ناشی از یک خطای به ظاهر کوچک است. با این که آن ها از کار خود نتایج خوبی را انتظار داشتند، چیزی به دست نیاوردند. آن ها به جای نظم، بی نظمی و آشفتگی ایجاد کردند.

توانایی آموزگار در کاربرد هوشمندانه اصول روش ما است. اگر او بتواند این اصول را بشناسد، توان لازم برای پیکار با مشکلات کوچک را به دست خواهد آورد و به نتایج خوبی دست می یابد.

راه رسیدن به همه انواع کمال، یکی است، حتی کمال اخلاقی. دانش چگونه غلبه یافتن بر یک گناه کوچک هرچند که قابل بخشایش باشد، لزوما به معنای دست یافتن به کمال نیست اما روح و روانی که می داند چگونه بر عیوبش فایق آید، این امکان را به نیروهای مثبت خود می دهد که انرژی های خود را شکل دهد. بدین شکل است که دشواری های کوچک از بین می روند.

ما باید به کودک کمک کنیم خود را از نواقصش رهایی دهد بی آن که باعث شویم نقاط ضعف خود را حس کند.

فصل یازدهم

بزرگسال و کودک

امروزه، آموزش و تربیت نه تنها یک دانش تکنولوژیکی در نظر گرفته می شود بلکه رشته ی مطالعاتی بسیار مهمی در حوزه گسترده تر علوم اجتماعی به شمار می آید. در حقیقت،

روشن است که بشریت نه تنها به کمک دانش های مرتبط با جهان خارج پیشرفت می کند بلکه از طریق دانش هایی که نیازهای انسان در حال رشد یعنی کودک را مورد بررسی قرار می دهند، به پیشرفتی حتی سریع تر از دانش های دیگر دست می یابد. به همین دلیل نه تنها دانشمندان و مربیان بلکه پدر و مادران و عموم مردم نیز به یافته های مرتبط با حوزه ی تربیت علاقه‌مند هستند. همه از دو اصل آموزش مدرن آگاهی دارند. نخستین اصل مطالعه و شکل دهی فردیت کودک است، یعنی شناخت هر کودک به تنهایی و ارتباط با او از طریق خصلت های شخصیتی خاص خود او. اصل دوم نیز در ارتباط با ضرورت آزادی کودک است.

مشخص است که تحقق اهداف آموزش مدرن به موانعی برخورده که غلبه بر آن ها دشوار است و با این حال دانش آموزشی تاکنون شمار بسیاری از مسائل را حل کرده است. در واقع، واژه «مسئله» مشخصه این حوزه تحقیقاتی است. مردم در مورد «مسئله مدارس»، «مسئله آزادی»، «مسئله علاقه و انرژی» و مانند این ها سخن می گویند در حالی که دیگر حوزه های علمی، افراد از واژه «قانون» استفاده می کنند مثل «قانون گسترش نور»، «قانون جاذبه» و مانند آن. در این گونه علوم عموما مسائل به شکلی مبهم و در حوزه های فرعی به وجود می آیند و بخش اصلی علم در ارتباط با کشفیات و حل مسئله است. برعکس، در حوزه ی آموزش تجربی مدرن به نظر می رسد که رها کردن حوزه مسائل اصلی به معنای رها کردن کل حوزه علم است چرا که در این صورت تنها موضوع علمی در ارتباط با حل مسائل کوچک، روش تحقیق و مشاهده خواهد بود. هر کسی بگوید «من همه ی مسائل آموزشی را حل کرده ام. من به کشفیاتی در مورد روح و روان انسان رسیده ام. من آموزش و تربیت را به سطحی ساده و مطمئن رسانده ام» توسط دانشمندان چندان جدی گرفته نخواهد شد. در واقع، تضادهای شدیدی بین آزادی یک محقق و ضرورت کار کردن او در چارچوب خطوط فرهنگی و مقررات و همچنین بین رشد فردی و فشار اجتماعی وجود دارد زیرا در جامعه ی انسانی محدودیت های گریزناپذیری بر فردی وجود دارند که خود را نه تنها باید با ضرورت های اغلب دشوار موارد پیش بینی نشده وفق دهد بلکه باید با محدودیت های اخلاقی که ثبات جامعه مدنی را تقویت می کنند نیز سازگاری یابد. بنابراین او باید کم و بیش فردیت خود را قربانی کند. با تحقق یافتن همین موارد در مورد کودک، به نظر گریزناپذیر می رسد که او زیر بار تعهدات مدرسه فشار زیادی را تحمل خواهد کرد. هراندازه هم که مطلوب باشد کودک از این تعهدات پیروی کند اما او باید تلاش کند تمام انرژی خود را از دست ندهد. اطاعت کودک اجباری است اما حالت مطلوب تر آن است که او آزاد باشد. تقابل بین همین حالات آرمانی و واقعیت ها است که مسئله ی آموزش و تربیت را به وجود می آورد. تلاش

های دانشمندان نیز نهایتا به حالتی مانند ناراحتی و تاسف بزرگسالانی که نگران سرنوشت کودکان هستند، می انجامد. در حقیقت همه ی اصلاحات مدارس مدرن با هدف کاهش این مشکلات گریزناپذیر انجام شده است، مثل بازبینی عمومی دروس و برنامه ها، دوره های اجباری استراحت و تمرین های بدنی. این گونه راه حل ها در تحلیل های نهایی اثرات زیانباری بر پیشرفت فرهنگی داشته اند.

در هر صورت، نسبت به راه حل های چنین مسائلی نمی توان اغماض کرد. ما باید به اصلاحی واقعی برسیم. ما باید مسیرهای جدیدی را برای آموزش و تربیت دنبال کنیم که تاکنون به بن بست رسیده است.

علم آموزش هنوز روش مناسبی پیدا نکرده است در حالی که در حوزه های علمی دیگر اکتشافات بزرگی انجام می شود که برای زندگی انسان ها سودمند است. در حوزه ی ما، همه چیز به مطالعه ی پدیده های خارجی محدود بوده است. در این رابطه اگر بخواهیم از اصطلاح پزشکی استفاده کنیم می توان این گونه گفت که کار ما مثل تلاش برای درمان علائم بیماری بوده بی آن که به دنبال عامل اصلی بیماری باشیم بلکه به دنبال عامل فرعی آن بوده ایم.

در پزشکی، این امکان وجود دارد که متنوع ترین علائم از عامل اصلی به وجود آمده باشد که می تواند نشانه های خارجی بی شماری را تولید کند و در این مورد پرداختن تنها به این نشانه ها بیهوده است. برای مثال، اختلال عملکردی قلب می تواند علائم مختلفی را در همه ی ارگان ها ایجاد کند و تلاش برای درمان هر یک از این علائم بدون بازگرداندن حالت نرمال به قلب کاملا بیهوده خواهد بود – در غیر این صورت علائم دوباره باز خواهندگشت. مثال دیگر در ارتباط با نحوه پرداختن به بیماری روان رنجوری حین روان کاوی است. روان کاو خود را در برابر فردی با تداخل و برهم کنش پیچیده ی احساسات و افکار می یابد که به یک آشفتگی واقعی از پدیده های غیرقابل درک منجر می شود و روان کاو باید مراحل متوالی را به صورت معکوس تا رسیدن به عاملی نهفته در ضمیر ناخودآگاه فرد بازسازی کند. پس از این که این عامل مشخص شد، همه چیز معنادار می شود و علائم ناپدید یا بی تاثیر می گردند.

مسائل آموزشی که در مورد آن ها بحث شد را می توان به عنوان علائم خارجی دسته بندی کرد که به خودی خود غیر قابل حل بوده و از یک عامل اصلی نامشخص نشات می گیرند و می توان گفت این عامل در ذهن ناخودآگاه نوع بشری نهفته است. روش آموزش من «کار بر

روی علائم» که در آموزش کنونی وجود دارد را کنار گذاشته مسیری را دنبال کرده که انتظار می رفت عامل اصلی همه نواقصی که پیش از این حل ناشدنی به نظر می رسیدند را پیدا کند. هم اکنون بر این عامل فایق آمده ایم و مشکلات از بین رفته اند.

اکنون می توانیم ببینیم که منشا مسائل آموزشی به خصوص موارد مرتبط با فردیت، شخصیت و رشد فکری تقابل دائمی بین پدر و مادر، و کودکان است. موانعی که بزرگسال بر سر راه کودک قرار می دهد بی شمار و جدی بوده و میزان خطر آن ها به میزان توسل بزرگسال به آن ها بستگی دارد – بزرگسالی که در برابر کودک به سلاح قوانین اخلاقی، علم و خواست خود برای هدایت کودک طبق برداشت های شخصی نیز مجهز است. بنابراین نزدیک ترین بزرگسال به کودک که می تواند مادر یا آموزگار او باشد، بزرگ ترین خطر برای شکل گیری شخصیت کودک است. مسئله تقابل بین قوی و ضعیف نه تنها با آموزش و تربیت مرتبط است بلکه در زندگی روانی فرد بزرگسال نیز بازتاب می یابد و منشا بسیاری از ناهنجاری ها و بیماری های روانی در شخصیت و عواطف او را آشکار می کند. بنابراین این مسئله در سطح جهانی از این نظر که مشکل از بزرگسال به کودک و از کودک به بزرگسال منتقل می شود، دارای ماهیتی چرخه وار است.

بنابراین، نخستین گام در جهت حل قطعی مسئله آموزش و تربیت نباید در ارتباط با کودک باشد بلکه باید در ارتباط با مربی بزرگسال باشد. او باید درک خود از کودک را بهبود بخشد و خود را از برداشت های اشتباه بسیارش دور کند و نهایتا او باید نگرش های روانی خود تغییر دهد. گام بعدی پس از این مرحل این است که ما باید محیطی را سازگار با زندگی کودک برای او فراهم کنیم، محیطی که عاری از موانع باشد. محیط باید براساس نیازهای خود کودک شکل گرفته باشد که قدم به قدم از ضرورت پیکار با موانع آزاد می شود و شروع به آشکار کردن خصایص برتر خود می کند – یعنی گرایش های برتر و ناب تر یک شخصیت جدید. این دو گام برای آماده کردن زمینه جهت ایجاد شرایط روحی جدید برای بزرگسال و همین طور کودک ضروری هستند. در حقیقت با آماده کردن محیطی مناسب کودک و قرار گرفتن در معرض آزادی کودک که در اثر اشتیاق او به فعالیت به وجود می آید، ما خصوصیاتی از کودک در حال انجام کار با آرامش دیده ایم که هرگز قبل مشاهده نشده است. محیط متناسب با ابتدایی ترین نیازهای زندگی روانی کودک گرایش هایی از او را آشکار کرده که تاکنون در وجود کودک مخفی مانده بود. به دلیل تقابل طولانی مدت با بزرگسال، او فقط توانسته بود گرایش های دفاعی و تحمیلی را در خود رشد دهد.

بنابراین در کودک دو حالت روانی وجود دارد: یک حالت که طبیعی و سازنده و بنابراین حالت نرمال و برتر کودک است و حالت دیگر که تحمیلی و پست تر است که در نتیجه ی نزاعی به وجود می آید که در آن ضعیف تر توسط قوی تر مورد حمله قرار می گیرد. با توجه به این کشف، تصویری جدید از خصایص کودک به دست آمده است که مانند پرتو نوری برای راهنمایی ما در مسیر آموزش و تربیت جدید عمل می کند. کودک علاوه بر معصومیت، شهامت و ایمان به خود را نیز نشان می دهد و مجهز به نیروی معنوی خاصی است که دارای سمت و سوی اجتماعی می باشد. همزمان، عیوبی که بیهوده سعی می شد طی آموزش و تربیت در کودک از بین بروند یعنی بدرفتاری، خرابکاری، دروغ گویی، کمرویی، ترس و به طور کلی همه ی چیزهایی که در وضعیت دفاعی محتمل هستند، ناپدید شدند. آموزگاری که با این کودک جدید در ارتباط است یعنی آموزگار، جهت گیری کاملا متفاوتی دارد. او دیگر بزرگسال قدرتمند نیست بلکه بزرگسالی فروتن است که در جهت زندگی جدید خدمت می کند. با درک دو حالت روان شناختی کودک، بحث در مورد آموزش و تربیت کودک بدون مشخص کردن اساس بحث ناممکن است: ما باید یا در مورد کودک تحت سیطره ی بزرگسال قدرتمند صحبت کنیم – زمانی که دائما در حالت دفاعی است اگر قبلا کاملا سرکوب نشده باشد – و یا در مورد کودک آزادی صحبت کنیم که شرایط زندگی او عادی بوده و می تواند ظرفیت های خلاقانه خود را بروز دهد.

در مورد اول، خود بزرگسال عامل ناآگاه مشکلاتی است که کودک با آن ها مبارزه می کند و غرق در دریایی از مشکلات حل نشدنی است. در مورد دوم، بزرگسال از خطاهای خود آگاه بوده و رابطه ی منصفانه ای با کودک برقرار می کند. در این مورد، بزرگسال مسیر خود را به جهان آرام جدیدی پر از اعجازها، آسان و روشن می یابد.

این امکان وجود دارد که از علم آموزش در چارچوب دوم مورد استفاده قرار گیرد. در حقیقت، مفهوم دانش در ارتباط با کشف حقایق است که زمینه ی مطمئنی برای پیشرفت هستند، روشی مطمئن و قطعی جهت کنترل خطا. راهنمایی که این روش را ارائه می کند خود کودک است. او به بزرگسالی که به او کمک می کند تا مفید باشد چنین می گوید «کمکم کن تا به خودم کمک کنم»

این موضوع درست است که کودک در محیط خود از طریق فعالیت رشد می کند اما نیازمند ابزارهای مادی، راهنمایی، و درک ضروری است. این بزرگسال است که این ضرورت های حیاتی برای رشد را فراهم می کند. بزرگسال باید آن چه را مورد نیاز کودک است انجام داده و در اختیار او قرار دهد تا خود کودک فعالیتش را انجام دهد. اگر بزرگسال کمتر از آن

چه مورد نیاز است انجام دهد، کودک نمی تواند فعالیت معناداری داشته باشد و اگر بیشتر از آن چه مورد نیاز است انجام دهد، خود را بر کودک تحمیل کرده و انگیزه های خلاقانه او را از بین می برد. تعیین حد یا آن چه ما «آستانه مداخله» می نامیم نیز امکان پذیر است. تعیین این حد گام با گام با افزایش تجربه ما با کودک دقت بیشتری می یابد و تفاهم لازم بین مربی بزرگسال و کودک نیز بیشتر خود را نشان می دهد.

فعالیت کودک در ارتباط با چیزهای مادی به وجود می آید یعنی اشیائی که به طور علمی انتخاب شده و در محیط او قرار گرفته اند. در این فعالیت راه حل مسئله یادگیری فرهنگی نهفته است. این فعالیت نه تنها شامل محدود کردن مداخله بزرگسال می شود بلکه تقویت شکل های سنتی تر آموزش با وسایل را نیز در بردارد که برای کودک این امکان را فراهم می کند که خودش براساس نیازهای رشد، درک لازم را به دست آورد. هر کودکی که به آزادی و اختیار ناشی از فعالیت رسیده باشد، مطابق اساسی ترین و خلاقانه ترین نیازها رشد کرده و در فرایند یادگیری پیشرفت می کند. بنابراین، رشد فردیت به تمرینی تبدیل می شود که منجر به یادگیری فرهنگی می شود. آموزگار نیز جایگاه خود را به عنوان هدایتگر و راهنما حفظ می کند، اما فقط در مواقع ضروری. شخصیت کودک مطابق با قوانین خود ایجاد می شود و روی توانایی های خود کار می کند.

ما از تجربه های عینی، بینش مفید گسترده ای را به دست آورده ایم که به کمک ما در ایجاد چارچوب هایی برای تهیه یک روش آموزشی علمی شفاف منجر شد. یکی از این چارچوب ها این است که نه تنها بزرگسال بلکه وسایل آموزشی و در کل محیط کودک نیز باید محدود باشد. این امکان وجود دارد که ما وسایل بیش از حد کم یا بیش از حد زیادی در اختیار کودک قرار دهیم که هردوی آن ها اثرات مخربی بر کودک خواهند داشت. کمبود وسایل باعث توقف رشد و فراوانی بیش از حد آن ها به سردرگمی و هدر رفتن انرژی کودک منجر می شود. برای روشن شدن این مفهوم، از قیاسی در همین رابطه استفاده می کنیم. برای مثال، هنگام غذا خوردن، خوردن بسیار اندک غذا موجب سوء تغذیه می گردد اما خوردن بیش از حد غذا موجب ایجاد مسمومیت شده و بدن را در معرض بیماری های مختلف قرار می دهد. به خوبی مشخص است که پرخوری باعث پرانرژی شدن بدن نمی گردد بلکه آن را ضعیف می کند؛ با این حال، زمانی باور بر این بود که خوردن مقادیر بسیار غذا موجب سلامتی می گردد. با تصحیح این خطا، پزشکان قادر شدند به معیارهای دقیقی در ارتباط با کیفیت و کمیت غذای مورد نیاز برای حفظ سلامتی دست یابند. در حقیقت، علوم تغذیه هنوز هم به دنبال معیارهای دقیق تر هستند.

کسانی که امروز باور دارند وسایل موجب رشد فردی کودک می شود اغلب چنین فکر می کنند که بهتر است وسایل بسیار زیادی بدون هیچ سیستم و محدودیتی در اختیار آن ها قرار داده شود. افراد دارای چنین نظری را می توان با کسانی مقایسه کرد که در گذشته فکر می کردند خوردن بدون محدودیت باعث رسیدن فرد به بهترین وضعیت سلامتی می شود. این قیاس در ارتباط با مسئله خوردن بسیار دقیق عمل می کند زیرا یکی در ارتباط با بدن و دیگری در ارتباط با ذهن است. اکنون نیز مطالعات ما در مورد وسایل رشد فکری، که همان وسایل باشند، حد و اندازه ی معینی را به صورت دقیق مشخص کرده اند که می تواند موجب رشد کامل و بیشترین فعالیت خودجوش کودک شود. با این حال همیشه این تصویر به دست آمده از ویژگی های کودک است که چنین حد و مرزهایی را تعیین می کند.

کودک نورسیده حتی در نخستین ماه های زندگی نیز خود را نشان می دهد . مشخص است که کسانی از ما که گمان می کردند تنها حقایق روان شناختی قابل استفاده، موارد مرتبط با ذهن هوشیار و نمود زبانی هستند، کاملا از توجه به کودک غافل بوده اند. این برداشت که هیچ چیز جز مراقبت های فیزیکی را نمی توان به طفل ارائه کرد، باعث پنهان ماندن حقایق بسیار مهمی شده است. اما زمانی که بزرگسال به جای سرکوب نمودهای روحی و روانی کودک، پذیرای آن ها باشد، آن گاه به روشنی می تواند ببیند که حیات درونی کودک بسیار زودتر و پررنگ تر از آن چه تصور می شد، در جریان است. در واقع، کاملا روشن گشته است که حتی کوچک ترین نوزادها نیز قادر به ایجاد ارتباط با محیط خود هستند. این ارتباط قبل از رشد حرکتی او وجود دارد. او دارای روحی زنده است و در نتیجه نیازمند کمک و مراقبت روانی است، حتی زمانی که هیچ رشد حرکتی یا زبانی وجود ندارد. بنابراین، ماهیت کودک دوگانه بوده و بازتابگر تضادی عملکردی بین زندگی روانی و فیزیکی او است. چنین پدیده ای متفاوت از حیوانات است که از همان آغاز تولد همه حرکات آن ها توسط غرایز انجام می شود. انسان باید خودش ابزارهای مهمی را بسازد که روح از طریق آن ها می تواند خود را بروز دهد. همین خصوصیت ما را به فکر در مورد مشخصه برتری آدمی وا می دارد که باید با توان خود سیستم بسیار پیچیده حرکات فیزیکی او را به حرکت درآورد و در نهایت در اختیار شخصیت خاص او قرار گیرد. انسان باید خود را بسازد و در پایان مالک خود شده و خود را هدایت کند. بنابراین، می بینیم که کودک پیوسته در حرکت است چرا که او باید رابطه ی بین روح و عمل را به تدریج ایجاد کند. در حالی که فعالیت بزرگسال توسط فکر کنترل می شود، کودک باید بین فکر و عمل خود وحدت و یکپارچگی به وجود آورد.

به همین دلیل، کسانی که مانع از حرکات کودک می شوند، موانعی را بر سر راه ساخته شدن شخصیت او به وجود می آورند. فکر، مستقل از عمل به وجود می آید و پس از آن عمل باید از دستور شخص دیگری پیروی کند؛ یعنی حرکات پاسخگوی آن کسی نیستند که باید باشند. به همین دلیل شخصیت کودک شکننده شده و نوعی عدم یکپارچگی درونی به وجود می آید که همه عمل و حرکات را ضعیف می کند. این واقعیتی مهم در مورد آینده ی بشریت است و باید آن را به عنوان یک اصل اساسی در آموزش و تربیت در خانواده و همین طور مدرسه مورد توجه قرار داد.

کودک به لحاظ روحی و روانی بسیار فراتر از آن چیزی است که معمولا تصور می شود. او اغلب نه از کار بسیار بلکه از کارهای کم ارزش تر از توانایی های او، دچار رنج و ناراحتی است. کودک به کارهایی علاقه دارد که با قوای فکری والای او و شان شخصیتش تناسب داشته باشد. من در هزاران مدرسه سراسر جهان، کودکان را در حال انجام کارهایی دیده ام که هیچ کس باور نمی کرد امکان پذیر باشد. در حقیقت، کودکان قابلیت کار کردن به مدت طولانی بدون خستگی و همچنین تمرکزی بسیار بالا را از خود نشان داده اند که بیانگر فرایند سازنده ی شخصیت آن ها است. آن‌ها نشان داده اند که در مورد مسئله فرهنگی می توانند بسیار زودتر از آن چه مورد انتظار است عمل کنند. کودکان چهار و نیم ساله نوشتن را یاد گرفته اند و این کار را با چنان هیجان و علاقه ای انجام داده اند که ما آن را به عنوان «انفجار نوشتار» تعریف کردیم.

همه ی آموزش های این چنینی در شور و علاقه در سنین پایین انجام می شود و هیچ گونه خستگی در پی ندارد زیرا این گونه فعالیت، خودجوش است.

مشاهده ی این کودکان – سالم، آرام، معصوم، حساس، پر از عشق و علاقه و همیشه آماده کمک به دیگران – مرا به فکر کردن در مورد میزان انرژی هدر رفته از انسان ها واداشته که به خاطر یک خطای باستانی و گناهی به وجود آمده که باعث بی عدالتی در حق پایه های نژاد بشری گشته است. این بزرگسال است که در کودک ناتوانی، سردرگمی و سرکشی را به وجود می آورد. این بزرگسال است که شخصیت کودک را نابود کرده و او را از انگیزه های حیاتی خود محروم می کند. و علاوه بر آن، این بزرگسال است که تمایل دارد خطاها، انحرافات روان شناختی و مشکلات شخصیتی کودک را که خودش در وجود او پدید آورده، تصحیح کند. بنابراین در برابر این ناکامی ما خود را در دخمه ای پر پیچ و خم و بدون راه خروج می یابیم. تا زمانی که بزرگسالان آگاهانه با خطاهای خود روبرو نشوند و آن ها را تصحیح نکنند، خود را در دریایی از مشکلات حل نشدنی خواهند یافت. و کودکان که خود

نیز به نوبه خود به یک بزرگسال تبدیل می شوند، قربانی همین خطا خواهند بود که آن را از نسلی به نسل دیگر انتقال خواهند داد.